ACTIONS
The Actors' Thesaurus
Marina Caldarone &
Maggie Lloyd-Williams

俳優・創作者のための

動作表現類語辞典

マリーナ・カルダロン＋マギー・ロイド＝ウィリアムズ＝著　シカ・マッケンジー＝訳

ACTIONS:
The Actors' Thesaurus
by Marina Caldarone and Maggie Lloyd-Williams

Copyright © 2004, 2011 Marina Caldarone and Maggie Lloyd-Williams
Foreword copyright © 2004 Terry Johnson

Japanese translation and electronic rights arranged with Nick Hern Books, London
through Tuttle-Mori Agency, Inc., Tokyo

ルーシー・マクナルティとエレイン・ラウンドエイカーへ

日本語版への手引き

　本書は、俳優の演技はもちろん、さまざまなキャラクター創作にも役立つ、「動作表現」に特化した初めての類語辞典です。

　ここに収録されているのは演劇の世界で「アクション動詞」と呼ばれる動詞1763語で、それぞれに置き換え可能な類語が（多い場合には60語以上も）掲載されています。アクション動詞はジュディス・ウェストン著『演技のインターレッスン』（吉田俊太郎訳、フィルムアート社）で以下のように説明されています。

　　アクション動詞は他動詞、つまり目的語を必要とする動詞であり、「誰かが他の誰かを相手にして行うこと」を指す。またアクション動詞の特徴として感情と身体運動の両方をともなう言葉だということも挙げられる。

　「アクショニング」と呼ばれる演劇の方法論では、セリフの一行一行に注釈のようにアクション動詞を割り当て、相手に対して何を「する」のかを考えることで、セリフを方向付け、演技のニュアンスを豊かにすることができます。そのセリフに込める感情を「やさしく」「激しく」といった形容詞からではなく、動作をともなった動詞から考える方法論ともいえます。

この類語辞典はそのアクション動詞を使って表現の幅を「類語」というかたちで広げるものです。自分が演じる／描くキャラクターに割り当てたい動作表現を50音順で引き、その下に並んでいる類語群から、他の動作表現を検討することができます。また巻末には9つの「感情グループ」からアクション動詞を引くことのできるページも設けているので、具体的な行動や動作が決まっていなくても、表現したい内容に当てはまる感情グループから動詞を引き、さらにそこから言い換え可能な動詞を吟味することができます。俳優の皆さんにとって、演技のさまざまなバリエーションを試してみるのに役立つだけでなく、小説、脚本、マンガ、アニメーションなど、さまざまなキャラクターに「動き」を与える創作者の皆さんにとっても、その「動き」のボキャブラリーを増やすのに有効に使える一冊となっています。

日本語版では、実際の動きに取り入れる際に参考となるよう、いくつかの語に訳者で演技指導の経験も豊富なシカ・マッケンジー氏による「ヒント」を付しました。語源的な意味などから、より具体的な動きと感情をイメージできるはずです。

俳優の皆さんが演じ、創作者の皆さんが描き出す、それぞれのキャラクターが生き生きと動き出すことを願っています。

フィルムアート社編集部

目次

日本語版への手引き －－－－－－－－－－－ 4

まえがき －－－－－－－－－－－－－－－ 8

イントロダクション －－－－－－－－－－－ 10

テキストをアクション化する方法 －－－－－ 14

改訂版イントロダクション －－－－－－－－ 22

この本の使い方 －－－－－－－－－－－－－ 24

サンプルシーン －－－－－－－－－－－－－ 26

動作表現類語辞典

あ〜わ行 －－－－－－－－－－－－－－－ 39

感情グループ

「育てる」 －－－－－－－－－－－－－－－ 272

「利用する」 －－－－－－－－－－－－－－ 282

「傷つける」 －－－－－－－－－－－－－－ 290

日本語版刊行に際して

本書の使い方のガイドとして編集部による「日本語版への手引き」を
追加した。また、いくつかの語には、実際の演技や作中の人物の動
きに取り入れる際に参考となるよう、訳者による「ヒント」を挿入した。

まえがき

　ある年のクリスマス・パーティーで、私は女優シニード・キューザックに会いました。ある舞台の出演オファーがあった時のことを聞きました。その舞台の演出家は有名なマックス・スタッフォード＝クラーク。彼の稽古の進め方を、シニードは噂で知っていたそうです（台本を一行ずつ俳優に読ませてアクションを問う方法。この読み合わせに二、三週間を費やすのです）。彼女はオファーを断りました。「ご一緒したいけれど、あなたのやり方があるでしょう。だから言っておくわ。私はできないし、やらない」。マックスは「一週間だけ試してくれないか」と言いました。

「だめよ」
「この役をあなたに演じてほしいんだ。では四日間だけ」
「だめ」
「では三日間」
「絶対に無理だわ」
「二日間やってだめなら、あなたの方法に変えていいから」

　あのマックスに二言はありません。シニードは二日間だけ「絶対に時間の無駄」と思う方法で稽古をすることに同意しました。
　その時を振り返り、シニードはこう言います。「二日間やってみたら、自分からすすんで同じ方法で続けたくなったのよ。三日後も、一週間後も、二週間経ってもよ」。記憶を味わうようにワインをひと口

飲むと、なめらかなアイルランド訛りで言いました。
「それまで私はいったい、どうやって演技していたのかしら？」

　私は多くの俳優たちが「アクション」と聞くやいなや頭を抱えるのを見てきました。そして、頑固に抵抗する俳優たちも。彼らは論理的な思考を取り入れたがらないのです。その一方で「アクショニング」の価値を理解し、演技に開眼した若手俳優たちもいます。さらに言えば、私はアクションを当然のものと考える俳優たち（最も優れた俳優たちはみなそうです）も多数見てきました。それは彼らにとっては第二の言語のよう。それも外国語のようなものとしてでなく、とても人間的な技術用語としてです。優れた俳優は内装屋さんが釘や塗料の話をするように、アクションについて話せます。アクションは曖昧な演技をはっきりさせ、輝かせます。ありきたりの演技に深みやこまやかさをもたらします。

　そのボキャブラリーを豊かにすべく、この類語辞典を役立てて下さい。巻末にはリストも掲載しました。他の人物とのやりとりからピンとくるものを選び、感情の種類や強弱によって動詞を探せるようになっています。

　複雑なのは、サルサを踊るのも同じ。一時間もすれば、身体になじんできます。これから演技を始める人も、演技をさらに上達させたい人も、アクションに注目すれば成功への遠い道のりを歩んでいくことができるでしょう。

テリー・ジョンソン

イントロダクション

　この類語辞典は稽古や本番で広く使われている演技のテクニックを紹介し、明示することを目的としています。このテクニックの呼び方はさまざまですが、この本では「アクショニング」で統一します。

　アクショニングは台本の一行一行をダイレクトに演じる刺激となり、演技に豊かな幅が出ます。演技に正確さをもたらし、人物どうしのドラマ的なやりとりを充実させる効果もあります。

　アクショニングは演技を自発的でのびやかにします。雰囲気重視の単調な演技は減るでしょう。実のところ、観客として、また俳優として、ちんぷんかんぷんな劇に出会った経験は誰にでもあるはずです。特にシェイクスピアの劇などはそうでしょう。台本を読んでも「わけのわからない空騒ぎ」としか思えない時に、アクショニングをすれば「一瞬」ごとの単位が腑に落ちます。たいしたことが何も起きず、ただセリフだけが続くような場面でも、ピーター・ブルックが「退屈」と嘆くような演技に陥らなくて済むのです。

　俳優が一つの文に対してリアルではっきりしたアクションを演じれば、観客はそのアクションが何であるかに気づかなくても面白さや見ごたえを感じます。アクショニングは演技を具体的で正確にします。俳優は迷いから解放されて自由になります。次から次へと自然につながる動きが生まれ、まとまりのある演技ができます。

　アクショニングは稽古の初めや、俳優が個人で台本を読み込む時に始めます。自分で選んだアクションを吟味していくうちに、俳優の心は自信に満ちてきます。成果は本番で生まれます。アクショニングをすればドラマがちゃんと機能しているかがわかるし、どんどん意味づけを変えていけるため、常に新鮮な目で台本を見ることができます。

稽古の初日に一時間、方法論を確認する時間を設けると、出演者全員で用語の共通理解ができます。話し合いは効率的になりますから、稽古時間も短縮できます。

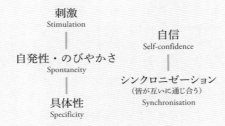

　アクショニングは主に俳優のためのものです。プロやビギナー、学生、アマチュア、トレーニングの有無は問いません。ミュージカル俳優にも役立ちますし、オーディションや面接でのトークに苦労する人、テレビやラジオのCMのナレーションを表情豊かにしたい人、また、何ヵ月にもわたって同じ演目を長期公演する人にも役立ちます。
　戯曲を読んで行間の意味を分析するような活動にも、この本を生かして下さい。

アクショニングの起源

　ロシアの俳優で演出家スタニスラフスキー（1863–1938）は心理的に深くて真実味のある感情表現を求め、革新的な理論を打ち立てました。アクショニングの起源はそこにあります。彼のシステムは今日でも世界じゅうで学ばれ、実践されており、アメリカのメソッド演技など多くの手法が生まれるきっかけにもなりました。
　スタニスラフスキーは演劇活動の中で（主にモス

クワ芸術劇場において）俳優が自由に自らの感情に
アクセスできるような練習法を考案し、人間性の基
本でありながら定義が難しい表現者のあり方を追求
しました。

　彼のシステムは複雑で、心理面でも高度な要求を
する側面もありますが、アクショニングはすべてを
端的に扱える手段と言えるでしょう。ただし、スタ
ニスラフスキー・システムに出てくる主な要素は知っ
ておく必要があります。

「ユニット」と「目的」

　演技に必要なアクションを見つけるには、スタニ
スラフスキーがいう「ユニット」と「目的」が必要
です（「エピソード」と「タスク」とも呼ばれます）。
ユニット単位で目的（人物が求めていること）を設
定してから、アクション（どのようにして目的を果
たすか）を決めるからです。

　シーンをユニットに分け、一つのユニットにつき、
一つの目的を設定します。彼は著書『俳優修業』で
うまいたとえをしています。劇をユニットに分ける
のは、鶏の丸焼きを切り分けて食べやすくするよう
なものだ、と。ひと切れずつ食べ続ければ、最終的
には鶏を丸ごと食べ尽くせます。それと同じように、
シーンも「小分け」あるいはユニット単位にして分
析しやすくするのです。各ユニットに内容を表すタ
イトルを付け、そのユニットの中で人物が独自に抱
く目的を設定します。ユニットに大（テキスト全体）
と小（一つの単語や短文）があるように、シーンが
刻一刻と展開するにつれて人物の目的にも大小が生
まれます。

　スタニスラフスキーはこう述べています。「目的
を名詞で言い表そうとしないこと。ユニットは名詞
でもよいが、目的は常に動詞であるべきだ」。たと

えば「私は権力がほしい（権力＝名詞）」は漠然としており、具体的にどう動いて表現していいかわかりません。さらにアクティブになるよう言い換えると「私は権力を得るために何かをしたい」。この「何か」がユニットのアクション探しの出発点です。ほしいものを得るための行動がアクションです。アクションとは手段でもあります。

現代におけるアクショニング

アクショニングは過去50年の間にヨーロッパとアメリカで培われ、プロの俳優の間で広く使われるようになりました。俳優や演出家が口伝えで後の世代に伝えてきたものですが、いまや演劇学校や芸術学校でも教えられるようになりました。あらゆる俳優が同じ用語で同じテクニックを使っているわけではありませんが、方法論を知っている人は増えていると言っていいでしょう。

アクショニングを稽古の基礎にする演出家も多いことから、俳優なら誰しも知識を仕入れ、慣れておくべきものとなっています（イギリスの有名な演出家マックス・スタッフォード＝クラークは稽古の最初の二、三週間をアクショニングに費やすことで知られています）。

アクショニングの理論ができて長年経ちますが、俳優のための動詞類語辞典はこれまでにありませんでした。本書が最初の一冊です。

13

テキストをアクション化する方法

　私たちの言葉と思考はいつもぴったり合っているとは限りません。同じ言葉でも、伝えたい意味はさまざまです。「コーヒーをいかが？」も単に「私はあなたに飲み物を提供したい」だけのようですが、互いの内面には深い心の動きがあるでしょう。「私はあなたをリラックスさせたい」「私はあなたに、自分がやさしいことを示したい」「私はあなたに泊ってほしい」など、いろいろな意図が考えられます。

　アクショニングをすれば、即座にこうした考え方ができます。アクション・ワードはあなたが他の人物に対して何をするか、具体的な動詞で示すからです。「言葉より行動の方が多くを語る」ということわざのとおりです。

　「コーヒーをいかが？」というセリフは、シーンの文脈や人物の目的によってさまざまな演じ方ができます。アクション・ワードは「誘惑する」「歓迎する」「優位に立つ」「味方になる」「称える」「心配する」「面目を失わせる」「操る」など、候補を挙げればきりがありません。その中から人物の目的にふさわしいワードを選びます。

アクション動詞の見分け方

他動詞

　アクションは常に他動詞です。

　動詞の中でも「他動詞」、あるいは動作動詞（「何かをする」ことを示す言葉）なら、誰かに対して何かをはたらきかける動きが生まれます。あなた（主体）がする動きは常に現在形。また、常に相手（客体）が存在します。

　試しに「私は」「あなたを」「○○する」という文を作ってみましょう。文が成立するなら、「○○する」の部分は他動詞です。

動詞が「うっとりさせる」や「励ます」「心に抱く」なら、「私はあなたをうっとりさせる」「私はあなたを励ます」「私はあなたを心に抱く」。みな文として成立しますから、他動詞です。二人の人物の間でやりとりされるアクションと、その裏にある衝動を示しています。

他動詞のようだが違うもの

アクティブさを感じさせるものの、アクションとして使えない動詞もあります。「私はあなたを○○する」という形にならない動詞です。

たとえば「私はあなたに干渉する（I interfere with you）」。動詞と目的語（you）の間にwithを必要とする動詞は原理から外れます。ささいな違いに見えますが、これを意識すればいやでも具体的に考えるようになります。代わりに、似たような意味をもつ「分別を失わせる（I disorientate you）」「中断させる（disrupt you）」「ぼんやりさせる（muddle you）」「気を動転させる（upset you）」「横やりを入れる（interrupt you）」「進行を遅らせる（impede you）」「阻止する（hamper you）」といった動詞を見つけます。

また、目的語が人ではなく、他の名詞になる場合も除外します。たとえば動詞「abate（減らす）」は「I abate your fears（私は「あなたの不安」を減らす）」といった文になります。「割り当てる」「敗北を認める」「指定する」（「私は場所を割り当てる」「私は議論の敗北を認める」「私は課題を指定する」）もアクション動詞になりにくい例です。

15

テキストをアクション化する方法

アクションの選択

　台本をもらったらテキスト（文）を見て、まず、役の人物が何を求めているかを読み取りましょう。一つの文ごとに求めるものがわかったら、それにふさわしい動詞を選びます。

　テキスト：「コーヒーをいかが？」

　人物が求めていること：「遠慮せず、もう少しここにいてほしい」

　候補となる動詞は、たとえば「味方になる」。他の候補の中から「魅了する」を選べば、演技に誘惑的なニュアンスが加わります。

　見た目も意味もたいして変わらないような類語でも、一つひとつの動詞の味わいは異なります。場面にぴったりの動詞を選んで表現できるかが腕の見せ所です。

　アクションの選び方に正解や不正解はあまり関係ありません。それよりも、目的を果たすのに役立つかどうか、表現やストーリーの運びが生き生きするかどうかがポイントです。稽古や本番の期間中、継続的に変更したくなるかもしれませんし、また、そうなるのが自然です。稽古の初期にアクションを直感で選んだ後で、徐々に洗練させて仕上げることをお勧めします。

アクションを演じる

　台詞を声に出す時にアクションを試してみましょう。選んだ動詞を声に出して言い、アクションをはっきりと意識してから台詞を言います。「私はあなたをからかう。『あなたがご当家のご主人ですか？』」と言ってもいいですし、「ヴァイオラはオリヴィアをからかう。『あなたがご当家のご主人ですか？』」

と役の名前を言ってもかまいません。感触をつかんだら他の候補も試し、自分の感覚やシーンの目的に合う動詞を見つけましょう。

　もう一つの方法は、セリフを友だちや仲間に向かって言うことです。まず、動詞も感情も入れずに棒読みでセリフを言ってから、アクションを設定して言い直します。設定は内緒にしておきましょう。友だちは何の動詞かわかったでしょうか？　どれぐらい近い答えが返ってきたでしょうか？　もう一度やってみましょう。アクションをさらにはっきりさせるために、何かできることはあるでしょうか？　うまくいかなくても気にしないこと！　楽しみながらいかに多くの選択肢を試すかが重要です。

　アクショニングは想像力を駆使するためのもの。素直に直感に従い、オープンな態度で、普段は考えもしないようなことが出てくるといいのです。自分で自分にびっくりするぐらいの遊び感覚で。迷ってもあきらめずに試し続けて下さい。イマジネーションが無限に広がるように、目的に向かう方法もまた無数にあるはずです。

　順序を逆にして、文のアクションを決めてから目的を考える方法もあります。ぴったりの目的にたどり着くまでアクションを変えるのです。自分にとってやりやすい方法を選んで下さい。

アクショニングの合言葉

ワンセンテンスに一つの思い。ワンアクションを
ひと息で……

—　一つの思い（考え）に対して
　　アクションを一つ選んで決める。
—　ワンセンテンス（一つの文）に
　　一つの思い（考え）が表れる。
—　ワンセンテンスをひと息で言い切る。
—　ひと息でアクションをやり切る。

……合言葉をくり返そう。ワンセンテンスに一つの
思い。ワンアクションをひと息で。

稽古場でのアクション

読み合わせの段階で一つひとつの文のアクション
を打ち合わせてから立ち稽古を始める劇団もありま
す。作品全体の流れを確認し、一人ひとりの登場人
物が望みを胸にどんな変化をたどるかを考えます。
みんなで解釈を共有し、共通言語を培っておけば、
公演期間中にキャストが演技に変更を加えて中だる
みを防ぐのも容易です。

稽古の初めに軽くアクショニングに触れた後は特
に打ち合わせをせず、表現に新鮮味や切れ味がなく
なってきた時だけアクションに立ち返る劇団もあり
ます。台本の解釈とアクション探しは俳優個人に任
されることもあるでしょう。稽古場に入る前に自分
で感情のウォームアップをします。どんなプロセス
を経たかを他人に話さない場合もあります。俳優の
数だけ稽古のプロセスも存在します。

アクショニングは俳優が個人的に使うこともでき

ますが、劇団全体で使えば効果が最大限に発揮できます。他の人に投げかけられたテキストを受けると、自分のテキストはさらにアクティブになります。全員でアクショニングをすれば、相互にいろいろな選択肢を試す機会が生まれます。お互いのアイデアを交換したり、他の人物のアクションを受けて返したりするチャンスができるのです。意図や意味、アクションの候補や、あなたが演じる人物が気づけなかったかもしれない選択肢に触れることができます。

　実生活では人が自分に対してどんな行動や目的、意図を投げかけているかは真に理解できません。みんなでアクショニングをおこなえば、独創的でダイナミックな表現が模索できます。

ソリロクィ（独白）のアクショニング

　では、独り言の場合はどうでしょう？　相手が存在しない場合です。オーディションや独白の演技を生き生きとさせるには？

　史上最も有名な独白の最初の部分を見てみましょう。

『ハムレット』
ウィリアム・シェイクスピア作（第三幕第一場）
（福田恆存訳、新潮文庫）

生か、死か、それが疑問だ。どちらが男らしい生きかたか、じっと身を伏せ、不法な運命の矢弾を堪え忍ぶのと、それとも剣をとって、押しよせる苦難に立ち向い、とどめを刺すまであとには引かぬのと、一体どちらが。いっそ死んでしまったほうが。死は眠りにすぎぬ──それだけのことではないか。眠りに落ちれば、その瞬間、一切が消えてなくなる、胸を痛める憂いも、肉体につきまとう数々の苦しみも。

19

願ってもないさいわいというもの。死んで、眠って、ただそれだけなら！　眠って、いや、眠れば、夢も見よう。それがいやだ。この生の形骸から脱して、永遠の眠りについて。

アクションを外に向けて表現する

　キャラクターの生活空間と、周囲を取り巻く人たちを思い描いて下さい。キャラクターの考えを一点ずつ、その人たちに投げかけるところを想像しましょう。そこからどんな刺激を感じ、何が目的かをはっきりさせるため、一つひとつの文を誰かにぶつけてみて下さい。

❶　生か、死か、それが疑問だ。
❷　どちらが男らしい生きかたか、じっと身を伏せ、不法な運命の矢弾を堪え忍ぶのと、それとも剣ととって、押しよせる苦難に立ち向かい、とどめを刺すまであとには引かぬのと、一体どちらが。
❸　死は眠りにすぎぬ──それだけのことではないか。眠りに落ちれば、その瞬間、一切が消えてなくなる。胸を痛める憂いも、肉体につきまとう数々の苦しみも。

例：
①　父（生身の父または亡霊となった父）に対するアクションの候補：「逆らう」
②　叔父クローディアスに対するアクションの候補：「挑む」
③　オフィーリアに対するアクションの候補：「慰める」

アクションを内面で捉える

　人物を「ロウワーセルフ（低い次元の自己）」と「ハイヤーセルフ（高い次元の自己）」とに分け、大きく差をつけます。そして、あたかも別人に語りかけるかのように、自分の中の異なる側面に向けて台詞と目的を伝えます。

❹　願ってもないさいわいというもの。死んで、眠って、ただそれだけなら！
❺　眠って、いや、眠れば、夢も見よう。
❻　ああ、それがいやだ。
❼　この生の形骸から脱して、永遠の眠りについて。

例：
④　ロウワーセルフ（ハムレットの内面にある、怖がっている子供のような自分）に向けて。アクションの候補：「目を覚まさせる」
⑤　ハイヤーセルフに向けて。アクションの候補：「慰める」「安らぎを与える」
⑥　傷ついてしまった自尊心に向けて。アクションの候補：「接待する」
⑦　自分の中の哲学者的な側面に向けて。アクションの候補：「向上させる」

　具体的なことを決めずにおおげさに演じるよりも、このようにアクションを決めて演じると、声のトーンにバラエティが生まれ、質感にも深みが出ます。観客にセリフの意味が全部理解されなかったとしても、演技にリアリティと具体性があることが伝わります。

21

改訂版イントロダクション

　本書が刊行されて以来、読者の皆さんから非常に多くのご意見をいただきました。その結果、この改訂版では「演技として実行できない」と思われる動詞をいくつか削除し、あらたな動詞を追加しました。くだけた話し言葉の動詞もありますが、参考になれば幸いです。動詞の選び方は自由ですが、次に挙げるポイントで、さらに的を絞った選択ができます。

修飾を加える

　アクションに修飾語句を足して想像すると、動きがさらに明確にイメージできます。「何をどのようにするか」を表す言葉を足してみましょう。表現はリストに書けないほど無数にあるでしょう。

　「ここにいてくれたらいいのに」というセリフに「泣きつく」という動詞を選ぶとします。この人物が堅苦しい世界に生きていて、礼儀正しくありたいと思っているなら「きちんとした態度で泣きつく」。皮肉っぽい人物や傲慢な人物なら「軽蔑して泣きつく」。他の選択肢として「欲望をむき出しにして」「後悔して」「優越感を味わいながら」「喜びを感じて」「大切な約束のために」「正直に」「怒りに目をくらませて」「ひとりよがりで」など、例は限りなく挙げられます。

　修飾語句を見つけることはアクションに複雑さを加えること。二つの手段が模索でき、二つのエネルギーを一つの瞬間にもたらせます。演技の選択肢にたやすくアクセスでき、演技に具体性が生まれ、さらに楽しくなるでしょう。

アクションの程度を決める

　もう一つの方法はアクションのスペクトラム（帯域）を考えることです。感情の程度は1〜100パーセントの間（または最大値を10として、1〜10の間）のどのあたりでアクションできるでしょうか？　厳密な値を決める必要はありません（68パーセントと72パーセントの違いを追求しだすと学術的な研究の領域になりますから）。アクションの程度の大小や強弱を調節するのに、おおまかな目安を決めると役立ちます。「ここにいてくれたらいいのに」というセリフを「泣きつく」アクションで演じる場合、強さの程度を40パーセントから90パーセントにすれば表現は明らかに変化します。

　これらのテクニックはアクショニングの本質的なシンプルさを損ないません。役に立つと思える時だけ使って下さい。表現を探すためなら、どのような過程をたどってもOKです！

2011年
マリーナ・カルダロン、マギー・ロイド＝ウィリアムズ

上記は*ACTIONS : The Actors' Thesaurus*
2011年改訂版に追加掲載された。

この本の使い方

　この類語辞典は俳優がアクショニングのボキャブラリーを豊かにすることを目指しています。あらゆる単語を網羅しているわけではなく、読むだけで答えがわかるわけでもありません。想像の範囲を広げ、選択肢を吟味するための参考として使って下さい。キャラクターを演じる時は、相手に対して影響力のあるアクションをはっきりおこなうことが必要です。この辞典のリストを見て考え、最終的に簡潔で具体的な選択肢を見つけて下さい。

　稽古や本番でどうアクショニングを使うかは、俳優（と演出家）一人ひとりによって違うでしょう。台本にある文すべてに対して案を練るため、この類語辞典を活用する人。あるいは、ある部分の目的設定を見直す時や、特に演じにくい場面に出会った時だけ利用する人もいます。

　この辞典の基本的な使い方は、次の二通りです。

1. 類語辞典の本体（50音順に記載）を見る

　自分で選んだアクション以外の選択肢を見つけたい時は、類語辞典の本体の記事を参考にして下さい。見出し語の下に関連ワードが並んでいます。そこからさらに他の見出し語や関連ワードを見ていけば、何百もの選択肢が得られます。

2. 巻末の「感情グループ」から探す

　何の類語を探していいかわからない時は、巻末の「感情グループ」から始めましょう。

● まず、キャラクターが相手に対してどうしようとしているか、次の三つのカテゴリーから選びます。

育てる	利用する	傷つける
NURTURING	USING	DAMAGING

直感でピンとくるものを選び、そのカテゴリーの
ページを見て下さい。

● 各カテゴリーは、さらに三つの小見出しで分か
れています。ここでも直感に従い、ピンとくる
小見出しを選びましょう。

育てる	利用する	傷つける
●愛する	●操る	●がっかりさせる
●励ます	●ずるいことをする	●危害を加える
●サポートする	●邪魔をする	●破壊する

● 小見出しの下にある動詞の中から、求めている
ものに近いワードを選びます。少し詩心を発揮
しましょう。選んだワードを類語辞典の本体の
中で見つけ、そこからさらに類語を当たって下
さい。

動詞は文脈によって意味が変わります。「感情グ
ループ」で見つけたワードが本体の内容と合わない
ように思える時もあるでしょう。また、同じワード
がいろいろな場所に頻繁に登場する場合もありま
す。誰が見ても正しいと思えるリストを作るのは不
可能です。「感情グループ」は自分の感覚をもとに
本体の類語にすばやくたどり着くための手がかりと
して設けています。あなた自身の好みや言葉の意味
の捉え方に従い、自分で感情グループをまとめても
いいでしょう。

25

サンプルシーン

　台本から抜粋した場面をいくつか挙げます。それぞれにつき、異なるアクションを選んだ例を三パターン掲載します。動詞はテキストの前に丸カッコで括ってあります。各キャラクターが目的をもとに、はっきりした選択をしていることをつかんで下さい。

　もちろん、ここに掲載した選択とはまったく違うアイデアを自分で考えてもOKです。また、例に挙げた作品はバラエティに富んでいます。アクショニングがあらゆるジャンルに使える点にも注目して下さい。

シェイクスピア／古典劇

『十二夜』
ウィリアム・シェイクスピア作（第一幕第五場）
（松岡和子訳、ちくま文庫）

オリヴィア：

　どちらからいらしたの？

ヴァイオラ：

　稽古した台詞以外は何も言えません。いまのご質問は私の台本にはないのです。優しい方、あなたがご当家のお嬢様かどうか、おっしゃってください。台詞の先が続けられるように。

オリヴィア：

　あなたは役者？

ヴァイオラ：

　いえ、とんでもない。そんな毒のあることをおっしゃるなら、断言します。本当の私はいま演じている役とは別物です。あなたがご当家のご主人ですか？

オリヴィア：

　そうよ、私が自分を偽っているのでなければ。

この場面を演じる時に目的を設定すると、一つの
解釈は次のようになります。

オリヴィア：
　（分析する）どちらからいらしたの？
ヴァイオラ：
　（見せびらかしてじらす）稽古した台詞以外は何
　も言えません。いまのご質問は私の台本にはない
　のです。（鼓舞する）優しい方、あなたがご当家
　のお嬢様かどうか、おっしゃって下さい。台詞の
　先が続けられるように。
オリヴィア：
　（意のままに操る）あなたは役者？
ヴァイオラ：
　（甘味をつける）いえ、とんでもない。（刺激する）
　そんな毒のあることをおっしゃるなら、断言しま
　す。本当の私はいま演じている役とは別物です。
　（もったいぶる）あなたがご当家のご主人ですか？
オリヴィア：
　（屈辱を与える）そうよ、私が自分を偽っている
　のでなければ。

　別の解釈を挙げてみましょう。

オリヴィア：
　（心を奪う）どちらからいらしたの？
ヴァイオラ：
　（静かにさせる）稽古した台詞以外は何も言えま
　せん。いまのご質問は私の台本にはないのです。
　（落ち度を指摘する）優しい方、あなたがご当家
　のお嬢様かどうか、おっしゃって下さい。台詞の
　先が続けられるように。

27

サンプルシーン

オリヴィア：

（煙に巻く）あなたは役者？

ヴァイオラ：

（拒絶する）いえ、とんでもない。（距離を置く）
そんな毒のあることをおっしゃるなら、断言しま
す。本当の私はいま演じている役とは別物です。
（叱りつける）あなたがご当家のご主人ですか？

オリヴィア：

（刺激する）そうよ。私が自分を偽っているので
なければ。

あるいは、次のような解釈もあります。

オリヴィア：

（検討する）どちらからいらしたの？

ヴァイオラ：

（なだめる）稽古した台詞以外は何も言えません。
いまのご質問は私の台本にはないのです。（警告
する）優しい方、あなたがご当家のお嬢様かどう
か、おっしゃってください。台詞の先が続けられ
るように。

オリヴィア：

（悪口を言う）あなたは役者？

ヴァイオラ：

（門前払いする）いえ、とんでもない。（くつろが
せる）そんな毒のあることをおっしゃるなら、断
言します。（賛美する）本当の私はいま演じてい
る役とは別物です。あなたがご当家のご主人です
か？

オリヴィア：

（バランスを失わせる）そうよ。私が自分を偽っ
ているのでなければ。

パントマイム／コメディ

シンプルで形式的なパントマイムなどでもアクショニングは役立ちます。むしろ、単刀直入で深みがなさそうに見える劇に重宝します。たとえ陳腐なキャラクターに見えたとしても、一挙一動に的確さとリアリティが生まれるからです。

長期にわたり、一日に何度も同じ演目をくり返すパフォーマーなどの場合、アクションを変えればマンネリ状態の打開策となるでしょう。あらかじめ稽古で決めた動きを新たな視点で見直せます。

『白雪姫と七人の小人』
ジュリアン・ウルフォード／マリーナ・カルダロン作

赤の女王：

　マドルス！　どこに行っていたの？

マドルス：

　前にお会いしましたかな？

赤の女王：

　お前はわたくしに八年仕えているのだよ。

マドルス：

　どうりで見覚えがあるわけだ。あなたは、どこに
　行っていたんです？

赤の女王：

　どこへ、とは何だい。わたくしはお前にマニキュ
　アの液を買っておいでと、二日前におつかいに出
　したんだよ。グラスゴーからとっくに戻っている
　はずだったのに。どこへ行っていたの？

マドルス：

　グラスゴーから戻りました。

赤の女王：

　はあ？

マドルス：

　実はですね……

　一つの選択肢を例に挙げましょう。

赤の女王：

　（攻撃する）マドルス！　（たしなめる）どこに行っていたの？

マドルス：

　（避ける）前にお会いしましたかな？

赤の女王：

　（挑む）お前はわたくしに八年仕えているのだよ。

マドルス：

　（屈服させる）どうりで見覚えがあるわけだ。（熟考する）あなたは、どこに行っていたんです？

赤の女王：

　（声をかける）どこへ、とは何だい。（思い出させる）わたくしはお前にマニキュアの液を買っておいでと、二日前におつかいに出したんだよ。（虐待する）グラスゴーからとっくに戻っているはずなのに。（襲う）どこへ行っていたの？

マドルス：

　（戦闘する）グラスゴーから戻りました。

赤の女王：

　（士気を下げる）はあ？

マドルス：

　（関心を引く）実はですね……

　別の選択肢を挙げましょう。

30

赤の女王：

　（基準に当てはめて判断する）マドルス！　（挑む）

　どこに行っていたの？

マドルス：

　（お祝いの言葉を述べる）前にお会いしましたか

　な？

赤の女王：

　（えこひいきする）お前はわたくしに八年仕えて

　いるのだよ。

マドルス：

（拍手喝采する）どうりで見覚えがあるわけだ。（気

に入る）あなたは、どこに行っていたんです？

赤の女王：

　（ぺしゃんこにする）どこへ、とは何だい。（丸め

　込む）わたくしはお前にマニキュアの液を買って

　おいでと、二日前におつかいに出したんだよ。（い

　い気にさせる）グラスゴーからとっくに戻ってい

　るはずなのに。（かわいがる）どこへ行っていた

　の？

マドルス：

　（切り札を出す）グラスゴーから戻りました。

赤の女王：

　（ぶつける）はあ？

マドルス：

　（歓喜させる）実はですね……

　あるいは、次の選択肢も考えられます。

赤の女王：

　（敬愛する）マドルス！　（試す）どこに行ってい

　たの？

マドルス：

　（退ける）前にお会いしましたかな？

31

サンプルシーン

赤の女王：

　（対決する）お前はわたくしに八年仕えているのだよ。

マドルス：

　（冷静さを失わせる）どうりで見覚えがあるわけだ。（上からの目線でものを言う）あなたは、どこに行っていたんです？

赤の女王：

　（催眠術をかける）どこへ、とは何だい。（魅了する）わたくしはお前にマニキュアの液を買っておいでと、二日前におつかいに出したんだよ。（心を捉える）グラスゴーからとっくに戻っているはずなのに。（真っ赤にする）どこへ行っていたの？

マドルス：

　（撃破する）グラスゴーから戻りました。

赤の女王：

　（コントロールする）はあ？

マドルス：

　（煽る）実はですね……

現代劇

『デッド・ファニー』
テリー・ジョンソン作（オープニングのシーン）

エレナーは微動だにせず座っている。床の上は玩具で散らかり、内臓がはみ出た人体模型もある。夫リチャード登場。

リチャード：

　ひと晩だけだよ。ウィンブルドン劇場。日曜の夜。ノーマン・ウィズダム。ノーマン・ウィズダム。

エレナー：

　ラッキー・ウィンブルドンね。

リチャード：

　ひと晩限り。

エレナー：

　一週間ずっとやってたりして。

リチャード：

　ミスター・グリムズデールだぜ！

エレナー：

　チケットあるの？

リチャード：

　十二枚。

エレナー：

　便利ね。眠くなったら横になれるじゃない。

リチャード：

　笑うなよ、僕がバカだって。

　一つの解釈として、次のような例があります。

リチャード：

　（警告する）ひと晩だけだよ。（用心させる）ウィ
　ンブルドン劇場。（やめさせる）日曜の夜。（やる
　気をそぐ）ノーマン・ウィズダム。（やめさせる）
　ノーマン・ウィズダム。

エレナー：

　（景気をつける）ラッキー・ウィンブルドンね。

リチャード：

　（退ける）ひと晩限り。

エレナー：

　（歓喜させる）一週間ずっとやってたりして。

リチャード：

　（やる気を失わせる）ミスター・グリムズデール
　だぜ！

エレナー：

（探る）チケットあるの？

リチャード：

（楽しませる）十二枚。

エレナー：

（追い抜く）便利ね。（突く）眠くなったら横にな
れるじゃない。

リチャード：

（接待する）笑うなよ、僕がバカだって。

別の選択肢を挙げましょう。

リチャード：

（目を覚まさせる）ひと晩だけだよ。（高ぶらせる）
ウィンブルドン劇場。（刺激する）日曜の夜。（驚
かせる）ノーマン・ウィズダム。（エキサイトさ
せる）ノーマン・ウィズダム。

エレナー：

（はじく）ラッキー・ウィンブルドンね。

リチャード：

（告訴する）ひと晩限り。

エレナー：

（こきおろす）一週間ずっとやってたりして。

リチャード：

（ショックを与える）ミスター・グリムズデール
だぜ！

エレナー：

（拍手喝采する）チケットあるの？

リチャード：

（感心させる）十二枚。

エレナー：

（撫でる）便利ね。（見くびる）眠くなったら横に
なれるじゃない。

リチャード：

　（ぴしゃりと打つ）笑うなよ、僕がバカだって。

さらに別の選択肢を挙げましょう。

リチャード：

　（歎願する）ひと晩だけだよ。（言いなりにさせる）
　ウィンブルドン劇場。（誘惑する）日曜の夜。（注
　意を奪う）ノーマン・ウィズダム。（心を捉える）
　ノーマン・ウィズダム。

エレナー：

　（しぼませる）ラッキー・ウィンブルドンね。

リチャード：

　（高ぶらせる）ひと晩限り。

エレナー：

　（もったいぶる）一週間ずっとやってたりして。

リチャード：

　（憐れむ）ミスター・グリムズデールだぜ！

エレナー：

　（苦しめる）チケットあるの？

リチャード：

　（ブロックする）十二枚。

エレナー：

　（上からの目線でものを言う）便利ね。（痛手を負
　わせる）眠くなったら横になれるじゃない。

リチャード：

　（恥ずかしい思いをさせる）笑うなよ、僕がバカだっ
　て。

サンプルシーン

ラジオ／TVコマーシャルの声の演技

　コマーシャルやアフレコでの声の演技は需要が多く、俳優にとってやりがいがあり、条件面でも魅力的です。キャスティングがどう決められるかは定義が難しく、オーディションを受けてみないとわからない側面もあるでしょう。商品が売れそうな「音」が求められる場合もあります。ただ単に「音」を演じることはできませんから、台本が何を要求しているかを確認することが重要です。そうすれば、アクションを考えることができ、わざとらしくならない読み方ができます。

　次のショッピングセンターのCMの台本の例を見て下さい。選択肢を変えればいろいろな読み方が可能です。どんな時も、語りかける相手をはっきりと一人に定めること。

「これはかつて、あなたが見たことのないもの。なぜなら、これは、かつて作られたことがないものだから。ショッピングセンターの新しいかたち。シルバーウォーター。味わうための体験を」

　演出指示が出る時もあれば、何もない時もあります。できるだけ多くの情報を集めましょう。もし、「魅力的な感じでお願いします」と言われたら、目的は「聞き手を誘惑する」となるかもしれません。アクションの一例は次のようになります。

「❶これはかつて、あなたが見たことのないもの。❷なぜなら、これは、かつて作られたことがないものだから。❸ショッピングセンターの新しいかたち。❹シルバーウォーター。❺味わうための体験を」

① 気を引く

② おびき寄せる

③ その気にさせる

④ 歓喜させる

⑤ 賄賂を贈る

　これらのアクションはみな、本書では「誘惑する」
の欄に書かれています。「誘惑する」という単語か
ら離れずに、なおかつ、単調にならずにこれらの文
を語る方法がいくつも見つかります。誘惑のニュア
ンスをやや抑えた表現を、他の関連語から探すこと
も可能でしょう。

動作表現類語辞典

あ
か
さ
た
な
は
ま
や
ら
わ

注：

● このリストには主に俳優と演出家、学生や研究生のための他動詞を列挙しています。学術的な資料とは趣を異にしており、厳密な正確性を求めることが主旨ではありません。言語は主観的であり、詩的な表現をする上での許容範囲を見込んでいます。すべてのワードは俳優の演技で「played（おこなわれる、実行される）」が可能です。

● 見出し語の後に［複］：複数の相手に向けてなされるのが望ましいワード。例：「招集する」「分ける」「団結させる」

● 原語の後に1, 2, 3：複数の意味があるワード。

● X = YでもY = Xとは限りません。例：「征服する」は見出し語「屠殺する」の項に入っていますが、その逆はあまり適切ではありません。

● リストには今後も発展の余地があります。このリストにない動詞を見つけたら付け足して下さい。出版社にご提案いただければ将来、改訂版に追加させていただく可能性もあります。

ワンセンテンスに一つの思い
ワンアクションを一息で

挨拶する　　　　　　　　　　　　　Greet

認知する、呼びかける、接近する、賛辞を述べる、歓呼して迎える、受け取る、認識する、会釈する、歓迎する

挨拶のキスをする　　　　　　　　　Peck

はじく、キスする、少しずつかじって食べる、触る

ヒント「Peck」は「くちばしでつつく」という意味だ。人物を鳥にたとえてみよう。鳩、鶴、ペリカン、雀…どんな鳥を想像するかで仕草や表情、ふるまいも大きく変わる。

合図を送る　　　　　　　　　　　Signal

警報を伝える、注意を喚起する、手招きする、会釈する

愛想をつかせる　　　　　　　　Scandalise

むかつかせる、憤慨させる、ショックを与える

愛撫する　　　　　　　　　　　Caress

ブラシをかける、やさしく寄り添う、抱き合う、撫でまわす、ハグする、キスする、舐める、マッサージする、鼻をすり寄せる、ぽんと叩く、みだらな手つきで触る、かわいがる、さする、撫でる、触る

あえて〜する　　　　　　　　　　Dare

挑む、立ち向かう、触発する

煽る　　　　　　　　　　　　　Agitate

どんよりさせる、警報を伝える、高ぶらせる、攪拌する、混乱させる、発狂させる、狼狽させる、苦悩させる、乱す、平静を失わせる、めまいを起こさせる、たきつける、あわてさせる、どぎまぎさせる、波立たせる、発生させる、嫌がらせをする、わずらわせる、押しやる、そそのかす、真っ赤にする、支離滅裂にさせる、パニックに陥れる、かき乱す、ごり押しする、がたがたと揺らす、発奮させる、動揺させる、震えさせる、ショックを与える、はっとさせる、刺激する、かきまわす、迷惑をかける、自信をなくさせる、不安にさせる、気を動転させる、じらす、心配させる

ヒント 日本では原語の「Agitate」から「アジる」という表現が生まれた。集会などで自分の意見に同調させるよう、過激な言葉で煽ることを指す。

崇める	**Hallow**

聖職者に任命する、祝福する、賛美する、清らかなものにする

明るくする	**Brighten**

生命を吹き込む、ブーストする、元気づける、鼻高々にさせる、気持ちを高める、景気をつける、エキサイトさせる、うきうきさせる、嬉しがらせる、鼓舞する、火をつける、ひらめきを与える、奮い立たせる、生気を与える、引き上げる、発奮させる、刺激する、高く揚げる、生命力を与える

飽き飽きさせる	**Irk**

さらに悪化させる、むっとさせる、敵にまわす、餌を仕掛ける、悪魔憑きにさせる、気を悪くさせる、いらいらさせる、いびる、癪に障ることをする、駄々をこねる、疫病にかからせる、挑発する、機嫌をそこねる、動揺させる、じらす、うんざりさせる

飽きさせる	**Tire**

衰弱させる、活力を奪う、水を抜く、気力を弱める、弱らせる、使い果たす、疲労させる、嫌がらせをする、能力を奪う、へとへとにする、樹液を絞り取る、自信をなくさせる、減退させる、うんざりさせる

アクセスする	**Access**

手を伸ばす

悪態をつく	**Cuss**

爆破する、罪や落ち度があることを示す、呪う、ののしる、侮辱する、疫病にかからせる

悪魔憑きにさせる	**Bedevil**

苛む、さらに悪化させる、むっとさせる、面食らわせる、苦悩させる、フラストレーションを与える、嫌がらせをする、うるさく催促する、わずらわせる、飽き飽きさせる、いらいらさせる、駄々をこねる、疫病にかからせる、迷惑をかける、じらす、心配させる

悪用する　　　　　　　　　　　**Misemploy**

虐待する

明け渡す　　　　　　　　　　　**Surrender**

放棄する、見放す、断念する、断つ、関与を否定する、
犠牲にする、譲歩する

憧れる　　　　　　　　　　　　**Adore**

称える、へつらう、心に抱く、神格化する、祭る（祀る）、
高揚させる、偶像化する、敬愛する、宝物にする、敬意
を示す、崇拝する

あざける　　　　　　　　　　　**Deride**

笑いものにする、ばかにする、冷笑する

欺く　　　　　　　　　　　　　**Deceive**

うまいことを言って惑わせる、魅了する、裏切る、判断
力を失わせる、はったりをかける、ずるいことをする、
ぺてんにかける、詐欺行為をする、思い込ませる、カモ
にする、罠にかける、はめる、ごまかす、いい気にさせ
る、だます、一杯食わせる、間違った方向へ導く、わざ
と判断を誤らせる、かたる、トリックを仕掛ける

足枷をはずす　　　　　　　　　**Unshackle**

開放的な気分にさせる、放免する、苦労をなくす、撤退
する、もつれを解く、束縛を解く、独立させる、公民権
や参政権を与える、自由にする、解き放つ、解除する、
荷を下ろす、鎖をはずす、制限を取り払う、ほどく

足枷をはめる　　　　　　　　　**Fetter**

縛り上げる、鎖でつなぐ、監禁する、束縛する、締めつ
ける、歯止めをかける、動きを邪魔する、奴隷にする、
阻止する、留め置く、手錠をかける、手や足をねじり上
げる、動かないようにする、制限する、拘束する、縛る、
自由を奪う

あしらいを施す　　　　　　　　**Ornament**

飾る、美しくする、飾り立てる、飾りつける、勲章を授
ける、紋章を飾る、裕福にする、飾り縄をつける

あ
か
さ
た
な
は
ま
や
ら
わ

味わう　Relish
満喫する

足を引っかけて転ばせる　Trip
抜け駆けする、出し抜く

預ける　Entrust
引き渡す、信用する

唖然とさせる　Dumbfound
びっくりさせる、驚愕させる、度肝を抜く、まごつかせる、冷静さを失わせる、面食らわせる、ぼーっとさせる、たまげさせる、卒倒させる、当惑させる、思案させる、よろめかす、切り倒す、気絶させる

温める　Warm
生命を吹き込む、高ぶらせる、元気づける、エキサイトさせる、熱くさせる、情熱を与える、溶かす、打ち解けさせる、祝して乾杯する

頭を殴る　Crown [1]
叩く、ぶつける

新しくする　Renew
再構築する、リハビリをする、リフォームする、元の状態に戻す、復元する、補充する

圧勝する　Trounce
打ち負かす、打倒する、ひっぱたいて何かをさせる、屈辱を与える

圧倒する　Overwhelm
打ち負かす、征服する、食い尽くす、こなごなにする、幻惑させる、打倒する、浴びせかける、飲み込む、包む、寄生する、群がる、圧迫する、乗り越える、耐え切れなくさせる、制圧する、抑える、沈没させる、水没させる、破る

圧迫する　　　　　　　　　Oppress

苛む、いじめる、重荷を負わせる、詰まらせる、かすがいで留める、こなごなにする、歯止めをかける、落ち込ませる、やめさせる、落胆させる、気を滅入らせる、動きを邪魔する、阻止する、嫌がらせをする、うるさく催促する、妨げる、進行を遅らせる、過剰な負担をかける、耐え切れなくさせる、圧倒する、迫害する、疫病にかからせる、抑圧する、背負わせる、ぎゅっと握る、ストレスを加える、抑える、押し殺す、テロの恐怖に陥れる、自由を奪う、踏みつける、虐げる、餌食にする

アップグレードする　　　　　Upgrade

大きくする、上昇させる、転送する、先へ進ませる、改善する、促進する、サポートする

圧力をかける　　　　　　　Pressurise

残忍な仕打ちをする、ブルドーザーで押しつぶす、強いる、施行する、余儀なくさせる、押しやる、ロビー活動をする、ごり押しする、プレッシャーをかける、プッシュする、ストレスを加える

当てこすりをする　　　　　Lampoon

皮肉る

アテンド（同行）する　　　　Attend

一緒に行く、付き添う、エスコートする、仕える、先導する

後押しする　　　　　　　　Back

教唆する、提唱する、肯定する、補助する、手を貸す、根拠を与える、主張する、擁護する、功績を称える、大目に見る、確認する、開拓する、励ます、推奨する、取り入れる、えこひいきする、手伝う、促進する、批准する、勧める、認可する、支持する、スポンサーとして後援する、救援する、サポートする、持続させる、守り助ける、保証する

あ

か

さ

た

な

は

ま

や

ら

わ

アドバイスする　Advise

わからせる、戒める、注意を喚起する、鑑定する、承知
させる、警告する、忠告する、思いとどまらせる、治療
する、教育する、励ます、啓発する、ガイドする、知識
を与える、教授する、通知する、促す、教える、用心さ
せる

穴を開ける　Perforate

突き刺す、ちくりと刺す、パンクさせる、ぐさりと刺す

暴く　Uncover [1]

暴露する、仮面をはぐ

浴びせかける　Deluge

埋める、溺れさせる、飲み込む、包む、圧倒する、水没
させる

油を注ぐ　Fuel

増大させる、活を入れる、充電する、励ます、食べ物を
与える、燃え立たせる、そそのかす、真っ赤にする、養
育する、かき立てる、丈夫にする、持続させる

甘ったれにさせる　Mollycoddle

甘やかす、過剰なほどに大事にする、気ままにさせる、
ちやほやする、かわいがる、過保護にする

甘味をつける　Sweeten

苦痛を軽減する、なだめる、とりなす、あやす、なごま
せる、打ち解けさせる

甘やかす　Coddle

甘ったれにさせる、息もつけないようにする

網にからませて捕らえる　Enmesh

キャッチする、紛糾させる、動きを邪魔する、罠にかけ
る、絡めとる、はめる、巻き込む、没頭させる、誘い出
して捕まえる、自由を奪う、陥れる

あやす Pacify

やわらげる、なだめる、緩和する、落ち着かせる、慰める、敵意を取り除く、打ち明ける、ゆるませる、寝かしつける、とりなす、鎮める、懐柔する、鎮圧する、静かにさせる、和解させる、リラックスさせる、安心させる、満足させる、居場所を与える、なごませる、甘味をつける、沈静する

操る Manipulate[1]

コントロールする、設計する、食いものにする、影響を与える、管理する、操作する、稼働させる、舵取りをする、トリックを仕掛ける、働かせる

誤った指導をする Misdirect

しぼませる、間違った方向へ導く、わざと判断を誤らせる

洗い清める Purge

無罪を言い渡す、容疑を晴らす、浄化する

洗う Wash

洗浄する、すすぐ、汚れをこすり落とす

荒らしまわる Ransack

奪い取る、金を巻き上げる、ぶんどる、不意に襲撃する、強奪する、裸にする

改める Amend

改ざんする、よりよいものにする、変える、訂正する、修正する、直す、改善する、修繕する、改良する、改心させる

あわてさせる Faze

煽る、まごつかせる、途方に暮れさせる、悩ませる、混乱させる、ぼーっとさせる、幻惑させる、乱す、ぽかんとさせる、どぎまぎさせる、支離滅裂にさせる、ぼんやりさせる、煙に巻く、当惑させる、かき乱す、思案させる、不安にさせる

安心させる　　　　　　　　　　　Relieve

補助する、やわらげる、苦痛を軽減する、なだめる、手を貸す、緩和する、片付ける、慰める、安らぎを与える、治す、衝撃をやわらげる、打ち明ける、苦労をなくす、もつれを解く、ゆるませる、自由にする、手伝う、晴れやかにする、寝かしつける、あやす、リラックスさせる、解除する、救助する、居場所を与える、容認する、救援する、荷を下ろす、シートベルトやボタンをはずす、ほどく

安全にする　　　　　　　　　　　Secure[1]

断言する、バリケードを築く、弁護する、強化する、ガードする、保護する、守る、丈夫にする、サポートする

安定させる　　　　　　　　　　　Stabilise

錨で留める、断言する、バランスをとる、正常化する、規則正しくする、根付かせる、しっかりと押さえる、サポートする

案内する　　　　　　　　　　　　Guide[1]

指揮する、エスコートする、先に立つ、リードする、見張り番をする、先導する

アンパイア（審判）をする　　　　Umpire

判決を下す、調停に持ち込む、裁く、仲立ちする、レフェリー（審判）をする

ヒント「アンパイア」は野球の球審。「レフェリー（審判）をする」（p. 265）と比べてみよう。アンパイアは立ち位置をほぼ変えずに判定する。レフェリーは競技者と一緒に動くイメージだ。

いい気にさせる　　　　　　　　　Flatter

魅了する、お世辞を言う、おだてる、うっとりさせる、丸め込む、賛辞を述べる、欺く、調子を合わせる、説き伏せる、かわいがる

言いなりにさせる　　　　　　　　　**Bewitch**

魅惑する、引き寄せる、魅了する、心を奪う、キャッチする、うっとりさせる、呪う、歓喜させる、夢中にさせる、魔法をかける、恍惚とさせる、熱中させる、有頂天にさせる、心を捉える、催眠術をかける、我を忘れさせる、呪縛する、別世界にいるような気分にさせる

ヒント Be＋witch（魔女）。魔法をかけるようにして相手の心を操り、自分の言うことに従わせること。

言い寄る　　　　　　　　　　　　　**Woo**

求愛・交際する、気を引く、追い求める、恋愛する

家をあてがう　　　　　　　　　　　**House**

場を提供する、守る、かくまう、かばう

いかがわしい部分を削除する　　　　**Bowdlerise**

混ぜ物をする、価値を落とすような変更を施す、堕落させる

威嚇する　　　　　　　　　　　　　**Intimidate**

脅迫する、残忍な仕打ちをする、いじめる、小言を言う、抑止する、落胆させる、気を滅入らせる、ぎくりとさせる、嫌がらせをする、どなりつける、尻に敷く、身をすくませる、抑圧する、テロの恐怖に陥れる、脅かす、苦しめる、虐げる

錨で留める　　　　　　　　　　　　**Anchor**

添える、固定する、根付かせる、確保する、安定させる

勢いよく切る　　　　　　　　　　　**Chop**

斧をふるう、切る、叩き切る、切りつける

生き返らせる　　　　　　　　　　　**Reinvigorate**

リフレッシュさせる、リハビリをする、丈夫にする

息苦しくさせる　　　　　　　　　　**Choke**

締めつける、猿ぐつわをかませる、妨害する、息もつけないようにする、もみ消す、絞め殺す、窒息させる、のどを絞める

あ	
か	
さ	
た	
な	
は	
ま	
や	
ら	
わ	

意気消沈させる　Deject

遅らせる、士気を下げる、やめさせる、落胆させる

息もつけないようにする　Smother

息苦しくさせる、甘やかす、過剰なほどに大事にする、感覚を失わせる、火を消す、マフラーで覆う、抑圧する、窒息させる、押し殺す、もみ消す、絞め殺す、包帯を巻く

異議を唱える　Contest

挑む、質問する

息を切らせる　Wind

気絶させる

生け垣で囲む　Hedge

周囲に境界線を引く、すり抜ける、限度を設ける、義務を押しつける

生け贄にする　Immolate

燃やす、焼却する

いじめる　Bully

せがむ、恫喝する、残忍な仕打ちをする、ブルドーザーで押しつぶす、小言を言う、ぎくりとさせる、嫌がらせをする、どなりつける、尻に敷く、しつこく責める、威嚇する、身をすくませる、つきまとう、圧迫する、迫害する、駄々をこねる、抑圧する、テロの恐怖に陥れる、脅かす、苦しめる、虐げる、餌食にする

石を投げつける　Stone

処刑する、ぶつける

急いで捕まえる　Nab

逮捕する、捕獲する、罠にかける、獲得する、ひっとらえる、引き抜く、ひったくる

急がせる　Hasten

加速させる、扇動する、急き立てる、押し売りする、ごり押しする、プッシュする、急に動かす、速める、強く勧める

委託する　Commission

指名する、根拠を与える、代表者として送り出す、力を
与える、可能にさせる、従事させる、協力を求める、ライ
センスを与える、叙任する、保証する

いたたまれなくする　Rankle

さらに悪化させる

痛手を負わせる　Wound

噛み切る、折る、打撲傷を負わせる、切る、ダメージを
与える、障がいを与える、深い切り傷をつける、えぐる、
叩き切る、害を及ぼす、傷つける、切り込む、けがをさ
せる、侮辱する、ナイフで刺す、かきむしる、重傷を負
わせる、冷遇する、袋だたきにする、引っかき傷をつけ
る、引っかく、細長く切る、ぐさりと刺す、針で刺す、
ぶつける、腕を大きく振って打つ、外傷を与える、減退
させる、翼を傷つける、悪いことをする

いたぶる　Rag

ばかにする、もったいぶる、苦しめる

痛めつける　Ravage

取り壊す、奪い取る、破壊する、打撃を与える、侵略す
る、貫通させる、ぶんどる、粉砕する、ぶち壊す

異端者として非難する　Anathematise

呪う、ののしる、動作を停止させる、感覚を失わせる、
告発する

一丸にする［複］　Unify

結合させる、組み合わせる、呼び集める、団結させる

位置につかせる　Place

場を提供する、割り当てる、所在地を特定する、方角に
向ける

一緒に行く　Accompany

アテンド（同行）する、付き添う、エスコートする、つ
いて行く、リードする、追跡する

一線を画する　Demarcate

格下げする、限度を設ける

一掃する　Exterminate

撃滅させる、屠殺する、破壊する、除く、根絶する、処刑する、とどめを刺す、殺す、皆殺しにする、撃破する、取り除く、惨殺する

逸脱させる　Deviate

発狂させる、邪道に導く、ねじる、歪曲する

一杯食わせる　Hoax

うまいことを言って惑わせる、はったりをかける、ずるいことをする、ぺてんにかける、欺く、詐欺行為をする、思い込ませる、もてあそぶ、カモにする、はめる、だます、つけ込む、かつぐ、わざと判断を誤らせる、出し抜く、かたる、陥れる、トリックを仕掛ける

ヒント「一杯食わせる」の語源は諸説あるが「だまして意外なものを食べさせる」イメージだ。相手にとってうまみのある条件や案を差し出そう。

いっぱいにする　Suffuse

満たす、しみ込ませる、満足させる、飽和状態にする

一発お見舞いする　Sock

めった打ちにする、打ち負かす、ベルトで打つ、拳で殴る、殴り倒す、平手打ちを食らわす、ひっぱたいて何かをさせる、金槌で打つ、叩く、強打する、バッシングする、ぴしゃりと打つ、張り倒す、打ちのめす、お尻をぺんぺん叩く、ぶつける、さんざんに打ちのめす、ぶっ叩く

挑む　Challenge

告訴する、襲う、攻撃する、戦闘する、拳で殴る、立ち向かう、異議を唱える、反対尋問する、あえて〜する、逆らう、戦いに備える、戦う、尋問する、反抗する、質問する、抵抗する、張り合う、タックルする、脅かす

犬釘を打ちつける　　　　　　　　Spike

刺し貫く、突き刺す、ちくりと刺す、串刺しにする、ぐ
さりと刺す

ヒント「犬釘」とは鉄道のレールを枕木に固定するための釘。
頑固な人物や意志の強い人物が決定的なひとことを言う時など
に使えるかもしれない。

意のままに操る　　　　　　　　Subjugate

縛り上げる、捕獲する、征服する、規律に従わせる、鎮
圧する、屈服させる、抑圧する、支配する、抑える、押
し殺す、手なずける

居場所を与える　　　　　　　　　Settle

やわらげる、断言する、バランスをとる、落ち着かせる、
収拾する、ゆるませる、地に足をつけさせる、調和させ
る、癒す、寝かしつける、あやす、静かにさせる、自信
を取り戻させる、規則正しくする、リラックスさせる、
安心させる、鎮静剤を打つ、なごませる、沈静する

違反する　　　　　　　　　　　Violate

虐待する、襲う、堕落させる、たらしこむ、美観を汚す、
粗末に扱う、汚染する、冒涜する、レイプする、力ずく
で奪う、誘惑する、めちゃくちゃに壊す

いびる　　　　　　　　　　　　Needle

さらに悪化させる、むっとさせる、餌を仕掛ける、嫌が
らせをする、飽き飽きさせる、いらいらさせる、つきま
とう、密告する、神経を逆なでする、くどくどと文句を
言う、駄々をこねる、ちくりと刺す、せっつく、挑発す
る、機嫌をそこねる、動揺させる、針で刺す、なじる、
もったいぶる

衣服を与える　　　　　　　　　Clothe

盛装させる、支度をする

戒める　　　　　　　　　　Admonish

アドバイスする、警告する、叱責する、叱りつける、た
しなめる、落ち度を指摘する、用心させる

意味をつかむ　　　　　　　　　Apprehend[1]

熟考する、認識する

嫌がらせをする　　　　　　　　Harass

さらに悪化させる、煽る、むっとさせる、敵にまわす、せがむ、餌を仕掛ける、悪魔憑きにさせる、包囲攻撃する、爆撃する、悩ませる、恫喝する、いじめる、小言を言う、批判する、乱す、熱心に勧める、疲労させる、フラストレーションを与える、扇動する、うるさく催促する、わずらわせる、質問攻めにする、どなりつける、尻に敷く、しつこく責める、威嚇する、いらいらさせる、つきまとう、いびる、圧迫する、当惑させる、迫害する、駄々をこねる、疫病にかからせる、挑発する、なじる、もったいぶる、飽きさせる、苦しめる、迷惑をかける、気を動転させる、じらす、心配させる

卑しめる　　　　　　　　　　　Demean

見くびる、安っぽくする、体面を傷つける、安売りする、控えめにさせる、屈辱を与える

癒す　　　　　　　　　　　　　Heal[1]

治す、手伝う、修繕する、生まれ変わらせる、矯正する、修理する、復元する、手当てをする

いやな気分にさせる　　　　　　Offend

打撲傷を負わせる、むかつかせる、気を悪くさせる、侮辱する、吐き気を催させる、憤慨させる、追い払う、嫌悪感を感じさせる、気持ちを悪くさせる、軽視する、鼻であしらう、気を動転させる

いらいらさせる　　　　　　　　Irritate

さらに悪化させる、むっとさせる、敵にまわす、餌を仕掛ける、悪魔憑きにさせる、事を荒立てる、嫌がらせをする、飽き飽きさせる、逆上させる、つきまとう、密告する、いびる、神経を逆なでする、くどくどと文句を言う、癪に障ることをする、駄々をこねる、疫病にかからせる、挑発する、がたがたと揺らす、機嫌をそこねる、もったいぶる、苦しめる、じらす

いらつかせる　　　　　　　　　　**Bug**

むっとさせる、せがむ、悩ませる、波立たせる、うるさく催促する、わずらわせる、疫病にかからせる、苦しめる、じらす

インタビューする　　　　　　　**Interview**

反対尋問する、尋問する、質問する、クイズを出す

上からの目線でものを言う　　**Patronise** [1]

見くびる、体面を傷つける、笑いものにする

飢えさせる　　　　　　　　　　**Starve**

縮小する、減退させる

植える　　　　　　　　　　　　**Plant**

埋め込む、地に足をつけさせる、根付かせる

うきうきさせる　　　　　　　　**Exhilarate**

生命を吹き込む、ブーストする、明るくする、歓喜させる、鼻高々にさせる、気持ちを高める、景気をつける、エキサイトさせる、燃え立たせる、嬉しがらせる、鼓舞する、真っ赤にする、ひらめきを与える、奮い立たせる、中毒にする、生気を与える、持ち上げる、速める、引き上げる、リフレッシュさせる、復興させる、発奮させる、刺激する、スリルを感じさせる、高く揚げる、生命力を与える

受け入れる　　　　　　　　　　**Accept**

認知する、認める、養子にする、承認する、大目に見る、迎え入れる、取り入れる、許可する、受け取る、歓迎する

受け取る　　　　　　　　　　　**Receive**

受け入れる、認知する、認める、養子にする、迎え入れる、挨拶する、歓迎する

受け流す　　　　　　　　　　　**Parry**

そむける、避ける、乞う、ずるい手段を使って逃れる、裏をかく、先んずる、適合させる、妨害する、抵抗する、引き留める、食い止める

動かす Move [1]

生命を吹き込む、高ぶらせる、電気ショックを与える、発生させる、押し売りする、押しやる、感心させる、前へ押し出す、引く、刺激する、かきまわす、強く引く

動かないようにする Restrain

逮捕する、縛り上げる、ブロックする、カテゴリーに当てはめる、検閲する、鎖でつなぐ、監禁する、束縛する、コントロールする、かすがいで留める、歯止めをかける、遅らせる、動きを邪魔する、足枷をはめる、猿ぐつわをかませる、立ち止まらせる、阻止する、妨げる、させないようにする、進行を遅らせる、押収する、刑務所に入れる、幽閉する、取り締まる、差し止める、配給する、抑圧する、制限する、もみ消す、止める、抑える、押し殺す、縛る、しっかり締める、自由を奪う

動きを邪魔する Encumber

縛り上げる、重荷を負わせる、鎖でつなぐ、詰まらせる、品位を落とす、監禁する、束縛する、締めつける、封じ込める、かすがいで留める、歯止めをかける、遅らせる、網にからませて捕らえる、奴隷にする、罠にかける、絡めとる、足枷をはめる、阻止する、不利な立場に立たせる、妨げる、進行を遅らせる、巻き込む、不便をかける、没頭させる、手錠をかける、妨害する、圧迫する、過剰な負担をかける、動かないようにする、制限する、手間取らせる、背負わせる、拘束する、縛る、自由を奪う

動けなくする Immobilise

停止させる、機能を損なわせる、障がいを与える、凍りつかせる、立ち止まらせる、不活性化する、能力を奪う、感覚を奪う、麻痺させる、固まらせる、手や足をねじり上げる、止める、気絶させる

失わせる Bereave

苛む、奪う、没収する

薄暗くする Dim

曇らせる、影を落とす、目立たないようにふるまう、切除する、見えにくくする、包み隠す

薄める　　　　　　　　　　　　　　　**Dilute**

混ぜ物をする、奪う、樹液を絞り取る、減退させる

疑いを晴らす　　　　　　　　　　　**Clear**[1]

無罪を言い渡す、釈放する、放免する、撤退する、もつ
れを解く、勘弁する、容疑を晴らす、自由にする、弁明
する

打ち明ける　　　　　　　　　　　**Disburden**

やわらげる、苦痛を軽減する、なだめる、緩和する、落
ち着かせる、慰める、ゆるませる、晴れやかにする、と
りなす、あやす、静かにさせる、リラックスさせる、安
心させる、なごませる、おとなしくさせる、沈静する

打ち切る　　　　　　　　　　　　　**Censor**[1]

法律で禁じる、除外する、撃破する、差し止める、動か
ないようにする

打ち砕く　　　　　　　　　　　　　　**Bust**

折る

打ち消す　　　　　　　　　　　　　**Negate**

撃滅させる、論破する、否認する、間違っていることを
示す、無にする、差し止める

打ち解けさせる　　　　　　　　　　　**Thaw**

武器を奪う、甘味をつける、温める

ヒント「Thaw」には「雪や氷などを解かす」意味もある。「冷
凍食品を解凍する」のもこの動詞だ。硬いものをゆっくりやわ
らげるような声のトーンやペース、表情や身のこなしを意識し
てみよう。

打ちのめす　　　　　　　　　　　　**Smite**

めった打ちにする、ベルトで打つ、切り開く、ひっぱたい
て何かをさせる、叩く、ぴしゃりと打つ、一発お見舞いす
る、ばしんと叩く、さんざんに打ちのめす、ぶっ叩く

打ち負かす　　　　　　　　　　　　**Beat**[1]

しのぐ、打倒する、勝る、凌駕する、出し抜く、圧倒す
る、上回る、圧勝する、破る

57

有頂天にさせる   Entrance

魅了する、言いなりにさせる、心を奪う、うっとりさせる、強制的にさせる、歓喜させる、夢中にさせる、魔法をかける、慕わせる、注意を奪う、熱中させる、恍惚とさせる、心を捉える、記憶に留める、催眠術をかける、没頭させる、我を忘れさせる、狂喜させる、呪縛する

打つ   Beat [2]

ドンドンと叩く、殴りつける、めった打ちにする、ベルトで打つ、折る、打撲傷を負わせる、杖やステッキで叩く、お灸をすえる、顎を殴る、殴り倒す、鉄拳を食らわせる、征服する、こなごなにする、棍棒で殴る、平手打ちを食らわす、ぶん殴る、打倒する、取り壊す、おしおきする、連打する、ひっぱたいて何かをさせる、卒倒させる、金槌で打つ、叩く、強打する、襲いかかる、袋だたきにする、ものを投げつける、何度も殴る、けちょんけちょんにする、グーで殴る、パンチを食らわせる、制圧する、厳しく罰する、震えさせる、びしゃりと打つ、張り倒す、ぺちんと叩く、一発お見舞いする、お尻をぺんぺん叩く、がんじがらめにする、ぶつける、腕を大きく振って打つ、お尻をひっぱたく、ごつんと打つ、ばしっと叩く、脱穀する、踏みつける、さんざんに打ちのめす、ぶっ叩く、鞭打つ

撃つ   Shoot

処刑する、クビにする、発進させる

美しくする   Beautify

飾る、飾り立てる、よりよいものにする、飾りつける、勲章を授ける、裕福にする、飾り縄をつける、優雅にする、改善する、あしらいを施す

うっとりさせる   Charm

魅惑する、楽しませる、鷲掴みにする、引き寄せる、魅了する、言いなりにさせる、とりこにする、心を奪う、キャッチする、求愛・交際する、歓喜させる、夢中にさせる、魔法をかける、慕わせる、関心を引く、熱中させる、有頂天にさせる、恍惚とさせる、心を捉える、いい気にさせる、催眠術をかける、興味をそそる、説き伏せる、我を忘れさせる、気に入る、狂喜させる、呪縛する、心地よい刺激を与える、勝つ

腕を大きく振って打つ　　　Swipe [1]

打ち負かす、ぺちんと叩く、ぶつける、ばしんと叩く、痛手を負わせる

促す　　　Prompt

活性化する、アドバイスする、キューを出す、発生させる、扇動する、押しやる、火付け役となる、思い出させる、拍車をかける、刺激する、引き金を引く

奪い返す　　　Recapture

救出する、回収する、取り戻す

奪い取る　　　Despoil

破壊する、打撃を与える、うるさく催促する、略奪する、荒らしまわる、レイプする、痛めつける、強奪する、盗む

奪う　　　Deprive

機能を損なわせる、ダメージを与える、衰弱させる、枯渇させる、活力を奪う、薄める、弱らせる、強制的に取り上げる、疲労させる、悪くする、貧乏にする、能力を奪う、小さくする、縮小する、強奪する、樹液を絞り取る、減退させる

うまいことを言って惑わせる　　　Bamboozle

まごつかせる、面食らわせる、混乱させる、欺く、詐欺行為をする、思い込ませる、カモにする、はめる、だます、つけ込む、一杯食わせる、目をくらます、煙に巻く、思案させる、皮をはぐ、かたる、トリックを仕掛ける

生まれ変わらせる　　　Regenerate

治す、エネルギーを与える、癒す、奮い立たせる、生気を与える、修繕する、改心させる、リフレッシュさせる、若返らせる、矯正する、復元する、復活させる、刺激する、高く揚げる

埋め合わせをする　　　Compensate

報いる、元の状態に戻す、見返りを与える

埋め込む　　　Embed

植える、根付かせる

埋める   Bury
浴びせかける、溺れさせる、沈没させる

裏切る   Betray
欺く、捨てる、処分する、見放す、恋人を振る、拒絶する

裏づける   Corroborate
丈夫にする、サポートする

裏をかく   Foil [1]
まごつかせる、面食らわせる、理解できないことをする、
フラストレーションを与える、出し抜く、思案させる、
食い止める、受け流す

売り歩く   Hawk [1]
売春する

売る   Sell
競売にかける、売春の斡旋をする、売春する

うるさく催促する   Harry
むっとさせる、せがむ、悪魔憑きにさせる、包囲攻撃す
る、いらつかせる、奪い取る、乱す、嫌がらせをする、
わずらわせる、しつこく責める、つきまとう、圧迫する、
迫害する、駄々をこねる、疫病にかからせる、追い求め
る、もったいぶる、苦しめる、迷惑をかける、じらす

嬉しがらせる   Gladden
楽しませる、明るくする、元気づける、慰める、充足さ
せる、歓喜させる、鼻高々にさせる、景気をつける、う
きうきさせる、幸せにする、鼓舞する、陽気にさせる、
晴れやかにする、気に入る

うわてを行く   Outshine
影を薄れさせる、超過する、勝る、上回る、追い抜く、
超越する

うわの空にさせる   Preoccupy
物思いにふけらせる、飲み込む、記憶に留める、没頭さ
せる、注意を引く

上回る　　　　　　　　　　　　　　Surpass

しのぐ、影を薄れさせる、超過する、勝る、うわてを行く、追い抜く、超越する

うんざりさせる　　　　　　　　　　Weary

むっとさせる、重荷を負わせる、衰弱させる、水を抜く、事を荒立てる、使い果たす、疲労させる、飽き飽きさせる、へとへとにする、疫病にかからせる、気持ちを悪くさせる、飽きさせる、迷惑をかける、じらす

永遠のものにする　　　　　　　　　Immortalise

列福する、心に抱く、神聖なものとする、保全する、神格化する、祭る（祀る）、宝物にする

影響を与える　　　　　　　　　　　Influence

作用する、励ます、心を捉える、扇動する、ガイドする、そそのかす、感染させる、ひらめきを与える、管理する、操る、モチベーション（動機）を与える、稼働させる、浸透する、舵取りをする、その気にさせる、強く勧める、働かせる

エキサイトさせる　　　　　　　　　Excite

生命を吹き込む、高ぶらせる、驚愕させる、目を覚まさせる、ブーストする、明るくする、心を奪う、元気づける、歓喜させる、鼻高々にさせる、衝撃を与える、気持ちを高める、燃え上がらせる、景気をつける、興味津々にさせる、うきうきさせる、たきつける、燃え立たせる、どぎまぎさせる、電気ショックを与える、鼓舞する、情熱を与える、そそのかす、感染させる、真っ赤にする、ひらめきを与える、奮い立たせる、中毒にする、生気を与える、急に揺すぶる、輝かせる、モチベーション（動機）を与える、速める、触発する、発奮させる、ショックを与える、スパークさせる、はっとさせる、刺激する、かき立てる、丈夫にする、スリルを感じさせる、心地よい刺激を与える、高く揚げる、生命力を与える、覚醒させる、温める

| あ |

疫病にかからせる　　　**Plague**

むっとさせる、せがむ、悪魔憑きにさせる、包囲攻撃する、いらつかせる、呪う、悪態をつく、乱す、嫌がらせをする、うるさく催促する、わずらわせる、どなりつける、飽き飽きさせる、いらいらさせる、つきまとう、神経を逆なでする、圧迫する、迫害する、駄々をこねる、テロの恐怖に陥れる、苦しめる、迷惑をかける、じらす、うんざりさせる、心配させる

えぐる　　　**Gouge**

切り開く、切る、深い切り傷をつける、叩き切る、切り込む、ナイフで刺す、かきむしる、引っかき傷をつける、選ぶ、切りつける、細長く切る、割る、ちぎる、痛手を負わせる

えこひいきする　　　**Favour**

教唆する、便宜を図る、提唱する、肯定する、補助する、承認する、手を貸す、根拠を与える、主張する、後押しする、味方になる、ブーストする、擁護する、確認する、励ます、推奨する、資産を与える、豊かにする、転送する、育てる、優雅にする、幸せにする、手伝う、尊ぶ、気ままにさせる、義務づける、ちやほやする、パトロンになる、促進する、批准する、勧める、見返りを与える、認可する、過保護にする、丈夫にする、サポートする、おごる

餌を仕掛ける　　　**Bait**

さらに悪化させる、むっとさせる、悩ませる、おとりを使う、はめる、嫌がらせをする、わずらわせる、質問攻めにする、しつこく責める、いらいらさせる、飽き飽きさせる、やじる、おびき寄せる、密告する、いびる、迫害する、駄々をこねる、挑発する、なじる、もったいぶる、苦しめる

餌食にする　　　**Victimise**

いじめる、カモにする、圧迫する、迫害する

会釈する　　　**Salute**

高揚させる、挨拶する、歓呼して迎える、尊ぶ、騎士の爵位を授ける、賛美する、認識する、合図を送る、吹聴する

エスコートする　　　　　　Escort

一緒に行く、アテンド（同行）する、付き添う、求愛・交際する、弁護する、ガードする、ガイドする、リードする、守る

エネルギーを与える　　　　Energise

活性化する、生命を吹き込む、高ぶらせる、衝撃を与える、関心を引く、景気をつける、発生させる、扇動する、鼓舞する、奮い立たせる、火付け役となる、生気を与える、モチベーション（動機）を与える、速める、リフレッシュさせる、生まれ変わらせる、発奮させる、刺激する、かきまわす、拍車をかける、生命力を与える

選ぶ　　　　　　　　　　　Pick [1]

指名する、選択する、指示する、選出する、ノミネートする、選定する

円滑に進める　　　　　　　Facilitate

可能にさせる

ヒント「Facilitater（ファシリテーター）」とは集団で話し合いや行事、ワークショップなどをする際に中立的な立場から円滑な進行を促す人。

延期する　　　　　　　　　Postpone

遅らせる、進行を遅らせる

縁を切る　　　　　　　　　Disown

拒否する、拒絶する、関与を否定する、疎外する

追いかける　　　　　　　　Chase

ついて行く、狩る、追い求める、ストーカー行為をする、追跡する、跡をたどる

追い越す　　　　　　　　　Outrun

かわす、すり抜ける、脱出する、ずるい手段を使って逃れる、逃走する、疎外する、はぐらかす

追いつめる　　　　　　　　Corner

箱に入れる、陥れる、独占する

追い抜く　**Top**

しのぐ、勝る、うわてを行く、抜け駆けする、出し抜く、上回る、超越する、切り札を出す

追い払う　**Repel**

敵にまわす、しぼませる、むかつかせる、恐怖を感じさせる、吐き気を催させる、いやな気分にさせる、門前払いする、断る、嫌悪感を感じさせる、抵抗する、気持ちを悪くさせる

追い求める　**Pursue**

追いかける、求愛・交際する、強く求める、気を引く、ついて行く、うるさく催促する、しつこく責める、狩る、群がる、迫害する、恋愛する、ストーカー行為をする、研究する、追跡する、言い寄る

お祝いの言葉を述べる　**Congratulate**

拍手喝采する、賛辞を述べる、祝賀する、賛美する

王座から降ろす　**Dethrone**

征服する、こなごなにする、打倒する、退ける、没収する、転覆させる、転落させる

押収する　**Impound**

刑務所に入れる、幽閉する、動かないようにする、制限する

殴打する　**Pummel**

ドンドンと叩く、めった打ちにする、打ち負かす、金槌で打つ、ものを投げつける、ごつんと打つ、さんざんに打ちのめす

おうむ返しする　**Parrot**

人まねをする、複写する、こだまする、模造する、物まねする、鏡のように写す

覆いをかける　**Cover**

周囲に境界線を引く、ケースに入れる、網羅する、マフラーで覆う、音を弱める、かばう、包含する、ベールをかける、巻きつける

覆いを取る Uncover [2]

はぎ取る、皮をはぐ、裸にする、服を脱がせる、ベール
を取り払う

大きくする Aggrandise

ブーストする、高貴にする、膨張させる、上昇させる、
気高くする、高揚させる、美化する、尊ぶ、ふくらませ
る、促進する、引き上げる、張り出させる、アップグレー
ドする

オーディションで審査する Audition

鑑定する、査定する、試す

大盤振る舞いする Regale

楽しませる、気晴らしをさせる、接待する、気ままにさ
せる

大目に見る Condone

教唆する、受け入れる、承認する、後押しする、勘弁す
る、許す、認可する、サポートする

お灸をすえる Chastise

打ち負かす、がみがみ言う、酷評する、問責する、こら
しめる、小言を言う、訂正する、規律に従わせる、ひっ
ぱたいて何かをさせる、罰する、叱責する、槍玉にあげ
る、つきまとう、叱る

遅らせる Delay

ブロックする、歯止めをかける、意気消沈させる、待た
せる、動きを邪魔する、妨げる、進行を遅らせる、延期
する、動かないようにする、食い止める

おごる Treat [1]

えこひいきする、ちやほやする

押さえ込む Pin

添える、固定する、釘で留める、確保する

抑える　Subdue

折る、コントロールする、歯止めをかける、こなごなにする、控えめにさせる、黙らせる、思いどおりに動かす、くつろがせる、圧迫する、圧倒する、あやす、鎮圧する、静かにさせる、抑圧する、動かないようにする、沈黙させる、もみ消す、意のままに操る、押し殺す

押し合いへし合いする　Jostle

ドンとぶつける、迫る、肘で押す、押し売りする、肘で軽く突いて注意を促す、押す、押しのける

押し上げる　Hoist

上昇させる、持ち上げる、引き上げる、高く揚げる、蜂起させる

ヒント 類語「蜂起させる」は文字どおり、蜂が一斉に飛び立つかのように反乱や暴動を起こすこと。大勢の人々の意気を高める動作や姿勢、声のトーンを探ってほしい。

押し当てる　Press[1]

留め金で留める、こなごなにする、抱き合う、ハグする、ぎゅっと押しつぶす、ぎゅっと握る

押し売りする　Hustle

ドンとぶつける、迫る、肘で押す、余儀なくさせる、急がせる、急き立てる、押し合いへし合いする、動かす、肘で軽く突いて注意を促す、プッシュする、急に動かす、押しのける、突き出す

教え込む　Indoctrinate

洗脳する、コーチする、調子を整える、変換する、規律に従わせる、叩きこむ、教化する、教育する、学校教育を受けさせる、教える、トレーニングする、家庭教師をする

教える　Teach

アドバイスする、補助する、承知させる、文明化する、コーチする、調子を整える、忠告する、開拓する、開発する、監督する、規律に従わせる、叩きこむ、教化する、教育する、向上させる、啓発する、育てる、身なりを整える、ガイドする、改善する、教え込む、知識を与える、教授する、レクチャーする、助成する、学校教育を受けさせる、トレーニングする、家庭教師をする

おしおきする　　　Flagellate

打つ、木の枝で叩く、杖やステッキで叩く、酷評する、ひっぱたいて何かをさせる、襲いかかる、お尻をぺんぺん叩く、がんじがらめにする、お尻をひっぱたく、脱穀する、鞭打つ

押し込む　　　Wedge

添える、直す、詰め込む、激突する、詰める

押し殺す　　　Suppress

逮捕する、法律で禁じる、こなごなにする、歯止めをかける、感覚を失わせる、取り壊す、やめさせる、火を消す、猿ぐつわをかませる、黙らせる、マフラーで覆う、口止めする、圧迫する、牛耳る、耐え切れなくさせる、制圧する、鎮圧する、静かにさせる、抑圧する、動かないようにする、制限する、沈黙させる、息もつけないようにする、ぎゅっと押しつぶす、もみ消す、おとなしくさせる、絞め殺す、無意味にする、沈没させる、抑える、意のままに操る、のどを絞める、虐げる

押し出す　　　Extrude

外に出す、除名する

押しのける　　　Shove

ドンとぶつける、迫る、肘で押す、押し売りする、押し合いへし合いする、強打する、肘で軽く突いて注意を促す、突く、棒でつつく、押す

押しやる　　　Impel

活性化する、煽る、生命を吹き込む、強制的にさせる、駆動する、熱心に勧める、除名する、余儀なくさせる、扇動する、そそのかす、誘導する、ひらめきを与える、火付け役となる、モチベーション（動機）を与える、動かす、納得させる、ごり押しする、圧力をかける、せっつく、促す、前へ押し出す、プッシュする、発奮させる、拍車をかける、刺激する、強く勧める

お尻をひっぱたく　　　Tan

打ち負かす、木の枝で叩く、杖やステッキで叩く、酷評する、おしおきする、ひっぱたいて何かをさせる、襲いかかる、褒めちぎる、お尻をぺんぺん叩く、がんじがらめにする、脱穀する、鞭打つ

あ

か

さ

た

な

は

ま

や

ら

わ

お尻をぺんぺん叩く　　　**Spank**

ドンドンと叩く、打ち負かす、おしおきする、金槌で打
つ、こつんと叩く、張り倒す、ぺちんと叩く、一発お見
舞いする、がんじがらめにする、ぶつける、お尻をひっ
ぱたく、脱穀する、ばしっと叩く、さんざんに打ちのめ
す、ぶっ叩く、鞭打つ

押す　　　**Push**[1]

ドンとぶつける、迫る、駆動する、肘で押す、余儀なく
させる、急き立てる、押し売りする、押し合いへし合い
する、強打する、肘で軽く突いて注意を促す、突く、ご
り押しする、圧力をかける、せっつく、前へ押し出す、
速める、肩で押しのける、押しのける、拍車をかける、
突き出す

お世辞を言う　　　**Butter**

いい気にさせる

汚染する　　　**Pollute**

混ぜ物をする、不潔にする、塗りたくる、汚す、堕落さ
せる、劣化させる、たらしこむ、美観を汚す、汚れをつ
ける、名誉を汚す、感染させる、毒を盛る、塗りつける、
貶める、腐らせる、しみをつける、手を染めさせる、違
反する

襲いかかる　　　**Lash**[1]

攻撃する、めった打ちにする、打つ、おしおきする、ひっ
ぱたいて何かをさせる、長々と説教する、ぶつける、お
尻をひっぱたく、鞭打つ

襲う　　　**Assault**

攻め立てる、攻撃する、めった打ちにする、爆撃する、
拳で殴る、打撲傷を負わせる、挑む、体当たりする、対
抗する、ダメージを与える、たらしこむ、戦う、害を及
ぼす、叩く、つっかかる、侵略する、群がる、痴漢行為
をする、強盗する、パンチを食らわせる、不意に襲撃す
る、レイプする、ひどい目にあわせる、突入する、ぶつ
ける、違反する

68

恐れを引き起こす　　　　　　　　**Affright**

警報を伝える、ぎくりとさせる、恐怖を感じさせる、身をすくませる、怖がらせる、ショックを与える、ぞっとさせる、テロの恐怖に陥れる

おだてる　　　　　　　　　　　　**Cajole**

魅了する、丸め込む、求愛・交際する、気を引く、いい気にさせる、説き伏せる、おびき寄せる、納得させる、プレッシャーをかける、かき立てる、その気にさせる

穏やかにさせる　　　　　　　　**Moderate**

コントロールする、訂正する、歯止めをかける、規則正しくする、加減する、減退させる

落ち込ませる　　　　　　　　　**Depress**

熱意を冷めさせる、やる気をそぐ、士気を下げる、わびしい思いにさせる、やめさせる、落胆させる、気を滅入らせる、圧迫する、悲しませる、しらふにさせる、減退させる

落ち着かせる　　　　　　　　　　**Calm**

やわらげる、苦痛を軽減する、なだめる、緩和する、慰める、収拾する、打ち明ける、ゆるませる、黙らせる、小さくする、晴れやかにする、寝かしつける、とりなす、あやす、鎮める、鎮圧する、静かにさせる、リラックスさせる、やさしく揺する、鎮静剤を打つ、居場所を与える、沈黙させる、なめらかにする、しらふにさせる、なごませる、おとなしくさせる、加減する、沈静する

落ち度を指摘する　　　　　　　**Reproach**

戒める、がみがみ言う、責める、酷評する、小言を言う、軽んじる、叱責する、叱りつける、叱る

陥れる　　　　　　　　　　　　　**Trap**

待ち伏せをして襲う、拳で殴る、キャッチする、追いつめる、網にからませて捕らえる、罠にかける、絡めとる、一杯食わせる、釣る、巻き込む、刑務所に入れる、獲得する、抜け駆けする、出し抜く、固定概念に当てはめる、誘い出して捕まえる、自由を奪う、トリックを仕掛ける

貶める　　　　　　　　　　　　　　　Soil

美観を汚す、汚れをつける、反則を犯す、汚染する、塗りつける、しみをつける、手を染めさせる

おとなしくさせる　　　　　　　　　　Still

やわらげる、苦痛を軽減する、なだめる、緩和する、落ち着かせる、歯止めをかける、打ち明ける、静かにさせる、抑圧する、沈黙させる、押し殺す、もみ消す

おとりを使う　　　　　　　　　　　　Decoy

魅惑する、餌を仕掛ける、罠にかける、気を引く、はめる、説き伏せる

驚かせる　　　　　　　　　　　　　　Surprise

びっくりさせる、待ち伏せをして襲う、驚愕させる、度肝を抜く、途方に暮れさせる、面食らわせる、ぼーっとさせる、たまげさせる、よろめかす、はっとさせる、気絶させる

音を弱める　　　　　　　　　　　　　Mute

覆いをかける、やる気をそぐ、黙らせる、猿ぐつわをかませる、マフラーで覆う、口止めする、沈黙させる、もみ消す、止める

ヒント「Mute（ミュート）」は楽器や電子機器の消音機能としてなじみが深いが、類語を見れば音源に何かをかぶせて音を消したり弱めたりする表現が多いことがわかる。

斧をふるう　　　　　　　　　　　　　Axe

体の一部を切断する、勢いよく切る

怯えさせる　　　　　　　　　　　　　Spook

ぎくりとさせる、ぞっとさせる

おびき寄せる　　　　　　　　　　　　Lure

魅惑する、引き寄せる、餌を仕掛ける、手招きする、魅了する、おだてる、ぺてんにかける、罠にかける、気を引く、はめる、誘導する、説き伏せる、引き付ける、誘惑する、その気にさせる

脅かす　　　　　　　　Threaten

警報を伝える、脅迫する、いじめる、挑む、呪う、品位
を落とす、危険を及ぼす、どなりつける、ハイジャック
する、危険に晒す、威嚇する、危機に追い込む、身をす
くませる、テロの恐怖に陥れる、弱体化させる、用心さ
せる

溺れさせる　　　　　　　Drown

埋める、浴びせかける、中身を出してからっぽにする、
飲み込む、包む、突っ込む、沈める、沈没させる

おめかしさせる　　　　　Titivate

景気をつける、さっぱりさせる、リフレッシュさせる、
復興させる、復活させる、発奮させる

思い起こさせる　　　　　Invoke

呼びかける、呪文を唱えて召喚する、陳情する、出頭を
命じる

思い込ませる　　　　　　Delude

うまいことを言って惑わせる、はったりをかける、ずる
いことをする、ぺてんにかける、欺く、詐欺行為をする、
カモにする、だます、つけ込む、一杯食わせる、目をく
らます、かつぐ、間違った方向へ導く、わざと判断を誤
らせる、出し抜く、かたる、トリックを仕掛ける

思い出させる　　　　　　Remind

肘で軽く突いて注意を促す、せっつく、促す

思いどおりに動かす　　　Master

司令塔として動く、コントロールする、優位に立つ、統
治する、耐え切れなくさせる、乗り越える、抑圧する、
支配する、抑える、破る

思いとどまらせる　　　　Dissuade

アドバイスする、警告する、やる気をそぐ、しぼませる、
抑止する、やめさせる、用心させる

重荷を負わせる　　　　　　　　　Burden

悩ませる、動きを邪魔する、阻止する、不利な立場に立たせる、妨げる、進行を遅らせる、不便をかける、妨害する、圧迫する、過剰な負担をかける、背負わせる、自由を奪う、迷惑をかける、うんざりさせる

重んじる　　　　　　　　　　　　Prize

賞を与える、心に抱く、祭る（祀る）、尊ぶ、敬愛する、宝物にする、大事にする、敬意を示す

織り込む［複］　　　　　　　　　Entwine

合流する、リンクさせる、縛る

折る　　　　　　　　　　　　　Break [1]

めった打ちにする、打つ、曲げる、破裂させる、打ち砕く、ひびを入れる、機能を損なわせる、砕く、こなごなにする、ダメージを与える、打倒する、取り壊す、破壊する、障がいを与える、分裂させる、骨折させる、砕いて破片にする、害を及ぼす、貧乏にする、能力を奪う、けがをさせる、けちょんけちょんにする、屈服させる、分断する、粉砕する、叩き壊す、ぱちんと鳴らす、ばらばらに裂く、割る、ぶつける、ちぎる、歪曲する、痛手を負わせる

終わらせる　　　　　　　　　Terminate

撃滅させる、除く、処刑する、とどめを刺す、殺す、殺害する、切り殺す

恩赦する　　　　　　　　　　　Pardon

無罪を言い渡す、釈放する、放免する、無罪を証明する、勘弁する、容疑を晴らす、許す、自由にする、解き放つ

ガードする　Guard

弁護する、エスコートする、守る、安全にする、かくまう、かばう、保護する

外観を傷つける　Deface

美を損なわせる、ダメージを与える、悪くする、けがをさせる、台なしにする

解雇する　Sack [1]

流刑にする、退ける、処分する、放免する、払い落とす、解散させる、没収する、外に出す、クビにする、失脚させる、停学処分にする

解散させる　Dismiss

撤廃する、流刑にする、処分する、放免する、払い落とす、外に出す、国外に追放する、除名する、クビにする、失脚させる、取り除く、解雇する

改ざんする　Alter

適応させる、作用する、改める、変える、変換する、改良する、改心させる、改装する、作り変える、変容させる、逆転させる

回収する　Reclaim

私物化する、奪い返す、取り戻す、復元する、救出する、救済する

懐柔する　Propitiate

なだめる、敵意を取り除く、とりなす、あやす、鎮める、和解させる、なごませる

外傷を与える　Traumatise

ショックを与える、迷惑をかける、痛手を負わせる

ヒント「Traumatise」に含まれる「トラウマ」という語は心の傷だけでなく、身体的な外傷も指す。相手に後遺症を残すような打撃を与えることだ。

あ
か
さ
た
な
は
ま
や
ら
わ

解除する　Release

無罪を言い渡す、釈放する、開放的な気分にさせる、放免する、苦労をなくす、撤退する、もつれを解く、束縛を解く、独立させる、公民権や参政権を与える、容疑を晴らす、自由にする、解き放つ、安心させる、救助する、馬勒をはずす、荷を下ろす、鎖をはずす、ゆるめる、元の木阿弥にする、シートベルトやボタンをはずす、制限を取り払う、留め金をはずす、足枷をはずす、ほどく

改心させる　Reform

改ざんする、改める、よりよいものにする、変える、訂正する、改善する、部分修正する、再構築する、生まれ変わらせる、リハビリをする、修理する、復元する、変容させる

改善する　Improve

補助する、改める、手を貸す、よりよいものにする、美しくする、ブーストする、文明化する、コーチする、訂正する、開拓する、治す、開発する、教化する、編集する、教育する、向上させる、修正する、啓発する、教練する、ガイドする、改良する、助成する、練磨する、磨きをかける、改心させる、テコ入れする、矯正する、学校教育を受けさせる、研ぐ、丈夫にする、教える、トレーニングする、家庭教師をする、アップグレードする

改装する　Remodel

適応させる、改ざんする

開拓する　Cultivate

補助する、手を貸す、後押しする、よりよいものにする、文明化する、コーチする、開発する、規律に従わせる、叩きこむ、励ます、教化する、教育する、向上させる、啓発する、豊かにする、育てる、改善する、知識を与える、教授する、助成する、非の打ちどころをなくす、練磨する、養う、しつける、磨きをかける、学校教育を受けさせる、教える、トレーニングする、家庭教師をする

解凍する　Defrost

溶かす

解読する　　　　　　　　　　　Decipher

解明する、ひもとく

ガイドする　　　　　　　　　　Guide[2]

アドバイスする、コーチする、忠告する、監督する、教化する、教育する、啓発する、統治する、手伝う、改善する、影響を与える、知識を与える、教授する、管理する、操作する、助成する、稼働させる、支配する、学校教育を受けさせる、見張り番をする、舵取りをする、教える、トレーニングする、家庭教師をする

開発する　　　　　　　　　　　Develop

文明化する、コーチする、開拓する、規律に従わせる、叩きこむ、教化する、教育する、啓発する、育てる、改善する、教授する、しつける、磨きをかける、学校教育を受けさせる、教える、トレーニングする、家庭教師をする

解剖する　　　　　　　　　　　Dissect

分析する、徹底的に調べる、研究する、厳しく吟味する

開放的な気分にさせる　　　　　Deliver

釈放する、放免する、苦労をなくす、束縛を解く、独立させる、自由にする、解き放つ、身請けする、解除する、救助する、鎖をはずす、制限を取り払う、足枷をはずす

解明する　　　　　　　　　　　Crack[1]

暗号を解く

壊滅させる　　　　　　　　　　Raze

撃滅させる、ブルドーザーで押しつぶす、キャンセルする、切る、取り壊す、破壊する、打撃を与える、消し去る、根絶する、ぺしゃんこにする、撃破する

快楽を与える　　　　　　　　　Pleasure

歓喜させる、幸せにする、気ままにさせる、気に入る

害を及ぼす　　　　　　　　　　Harm

虐待する、襲う、折る、ダメージを与える、傷つける、悪くする、けがをさせる、冷遇する、台なしにする、こき使う、痴漢行為をする、迷惑をかける、痛手を負わせる、悪いことをする

変える　　　　　　　　　　　　Change

適応させる、作用する、改ざんする、改める、変換する、改心させる、変容させる、逆転させる

抱える　　　　　　　　　　　　Retain[1]

雇用する、従事させる、協力を求める、注意を引く

ヒント ここでの「抱える」は「必要な時に専門家を雇う」という意味だ。「お抱えの運転手」といえば個人専属の運転手。両腕に抱えてよそへやらないイメージだとすれば面白い。

鏡のように写す　　　　　　　　Mirror

人まねをする、複写する、こだまする、模造する、おうむ返しする、反映する

輝かせる　　　　　　　　　　　Kindle

高ぶらせる、目を覚まさせる、燃やす、燃え上がらせる、エキサイトさせる、燃え立たせる、発生させる、火をつける、そそのかす、真っ赤にする、ひらめきを与える、生気を与える、照らす、再燃させる、スパークさせる、かき立てる、覚醒させる

かき立てる　　　　　　　　　　Stoke

おだてる、励ます、エキサイトさせる、燃え立たせる、油を注ぐ、真っ赤にする、輝かせる、刺激する、かきまわす、切り倒す

かきまわす　Stir

活性化する、作用する、煽る、びっくりさせる、高ぶら
せる、度肝を抜く、目を覚まさせる、元気づける、攪拌
する、乱す、衝撃を与える、大胆にする、励ます、エネ
ルギーを与える、電気ショックを与える、発生させる、
鼓舞する、熱くさせる、情熱を与える、そそのかす、真っ
赤にする、ひらめきを与える、奮い立たせる、生気を与
える、急に揺すぶる、動かす、図太くさせる、挑発する、
発奮させる、震えさせる、ショックを与える、スパーク
させる、はっとさせる、刺激する、かき立てる、切り倒
す、スリルを感じさせる、心に触れる、生命力を与える、
覚醒させる

かき乱す　Perturb

煽る、警報を伝える、悩ませる、懸念させる、混乱させ
る、発狂させる、企てを失敗させる、人を不快にする、
心を乱す、狼狽させる、気を悪くさせる、平静を失わせ
る、乱す、あわてさせる、どぎまぎさせる、波立たせる、
ぼんやりさせる、動揺させる、迷惑をかける、自信をな
くさせる、不安にさせる、気を動転させる、じらす、心
配させる

かきむしる　Lacerate

切り開く、切る、深い切り傷をつける、えぐる、叩き切
る、切り込む、引き裂く、切りつける、細長く切る、ち
ぎる、痛手を負わせる

格下げする　Downgrade

劣化させる、体面を傷つける、一線を画する、降格させ
る、安売りする、控えめにさせる、下げる

覚醒させる　Waken

活性化する、生命を吹き込む、高ぶらせる、目を覚まさ
せる、景気をつける、エキサイトさせる、燃え立たせる、
電気ショックを与える、発生させる、輝かせる、触発す
る、発奮させる、刺激する、かきまわす

拡大する　Enlarge

増大させる

拡張する
Expand

ブーストする、膨張させる、ふくらませる

格付けする
Grade

烙印を押す、カテゴリーに当てはめる、等級を定める、分類する、ランクをつける、採点する、値をつける

獲得する
Net

捕獲する、罠にかける、絡めとる、はめる、急いで捕まえる、陥れる

確認する
Confirm

肯定する、承認する、根拠を与える、後押しする、認定する、擁護する、推奨する、えこひいきする、勧める、正当性を認める、正しいことを確かめる

攪拌する
Churn

煽る、かきまわす

確保する
Secure [2]

添える、錨で留める、手中に収める、結び合わせる、鎖でつなぐ、固定する、縛り合わせる、閉じ込める、釘で留める、押さえ込む、テコ入れする、しっかりと押さえる、縛る

かくまう
Shelter

便宜を図る、弁護する、ガードする、家をあてがう、守る、見えないようにする、かばう

革命的に変化させる
Revolutionise

ひっくり返す、再構築する、変容させる

隔離する
Insulate

保護する、守る

隠れ場所を提供する
Harbour

支える、保護する、かばう

家具を設置する　　　　　Furnish

賞を与える、才能を与える、勲章を授ける、資産を与える、裕福にする、備え付ける

影を薄れさせる　　　　　Eclipse[1]

超過する、卓越する、勝る、うわてを行く、見劣りさせる、上回る、超越する

影を落とす　　　　　　　Eclipse[2]

薄暗くする、火を消す、見えにくくする、包み隠す、ベールをかける

加減する　　　　　　　　Temper

やわらげる、緩和する、落ち着かせる、穏やかにさせる、とりなす、習熟させる、なごませる、手なずける

囲い込む　　　　　　　　Enclose

周囲を回る、周囲に境界線を引く、監禁する、封じ込める、迎え入れる、輪で囲む、包み込む、くるむ、包む、支える、ハグする、囲いの中に入れる、包み隠す、取り囲む、包帯を巻く、巻きつける

囲いの中に入れる　　　　Pen

周囲に境界線を引く、監禁する、囲い込む

飾り立てる　　　　　　　Bedeck

飾る、美しくする、飾りつける、勲章を授ける、裕福にする、飾り縄をつける、あしらいを施す

飾りつける　　　　　　　Deck[1]

飾る、美しくする、飾り立てる、裕福にする、飾り縄をつける、あしらいを施す

飾り縄をつける　　　　　Festoon

飾る、美しくする、飾り立てる、飾りつける、勲章を授ける、裕福にする、あしらいを施す

あ	
か	
さ	
た	
な	
は	
ま	
や	
ら	
わ	

飾る — Adorn

美しくする、飾り立てる、冠を載せる、飾りつける、勲章を授ける、著名にする、紋章を飾る、裕福にする、飾り縄をつける、優雅にする、偶像化する、あしらいを施す

舵取りをする — Steer

監督する、優位に立つ、統治する、ガイドする、影響を与える、リードする、管理する、操る、操作する、ナビゲートする、稼働させる、見張り番をする、先導する

過剰な負担をかける — Overload

重荷を負わせる、詰まらせる、動きを邪魔する、阻止する、不利な立場に立たせる、妨げる、進行を遅らせる、不便をかける、寄生する、圧迫する、手間取らせる、背負わせる、自由を奪う

過剰なほどに大事にする — Cosset

甘ったれにさせる、ちやほやする、息もつけないようにする

過小評価する — Denigrate

がみがみ言う、黒く塗る、安っぽくする、誹謗する、信用を落とす、侮辱する、罵倒する

かすがいで留める — Cramp

詰まらせる、監禁する、束縛する、動きを邪魔する、阻止する、不利な立場に立たせる、妨げる、進行を遅らせる、させないようにする、限度を設ける、圧迫する、動かないようにする、制限する、自由を奪う

カスタマイズする — Customise

対応する

かすめ取る — Nick[1]

盗む、くすねる、つまみ取る、ちょろまかす、持ち去る、かっさらう

課する — Enjoin

強要する、敵意を取り除く、取り巻く、含める、組み入れる

加速させる   Accelerate

急がせる、急き立てる、速める、拍車をかける、刺激する

ヒント「Accelerate」は車の「アクセル」と関連する単語。相手を急がせたい時、私たちは足の裏に力が入っていないだろうか。アクセルを踏む動作ほどでなくても、体へのかすかな意識が演技に変化をもたらす。

がたがたと揺らす   Rattle

煽る、むっとさせる、狼狽させる、乱す、どぎまぎさせる、いらいらさせる、震えさせる、不安にさせる

肩代わりする   Shoulder

担う、ドンとぶつける、持ち運ぶ、支える、肘で軽く突いて注意を促す、プッシュする、サポートする

形作る   Shape

適応させる、調子を整える、変換する、教育する、型にはめる、彫刻する

片付ける   Clear^2

撤退する、もつれを解く、晴れやかにする、安心させる、障がいを取り除く、荷を下ろす

型にはめる   Mould

規律に従わせる、教育する、マッサージする、彫刻する、形作る

固まらせる   Petrify^1

凍らせる、動けなくする、麻痺させる、立ちすくませる

固める［複］   Cement

結び合わせる、接着する

かたる   Swindle

うまいことを言って惑わせる、ずるいことをする、ぺてんにかける、欺く、詐欺行為をする、思い込ませる、もてあそぶ、カモにする、食いものにする、つけ込む、目をくらます、ごまかす、金を巻き上げる、一杯食わせる、強奪する、トリックを仕掛ける

価値を落とすような変更を施す　　Bastardise

混ぜ物をする、いかがわしい部分を削除する、堕落させる

勝つ　　Win

魅惑する、手中に収める、引き寄せる、心を奪う、捕獲する、うっとりさせる、説得する、武器を奪う、夢中にさせる、魔法をかける、納得させる

がっかりさせる　　Disappoint

引き下げる、やめさせる、狼狽させる、幻滅させる、気を滅入らせる、不満足にさせる、フラストレーションを与える、へとへとにする

かつぐ　　Kid

魅了する、思い込ませる、だます、つけ込む、一杯食わせる、目をくらます、笑いものにする、ばかにする、もったいぶる、トリックを仕掛ける

学校教育を受けさせる　　School

文明化する、コーチする、開拓する、開発する、監督する、規律に従わせる、叩きこむ、教化する、教育する、向上させる、啓発する、親しませる、ガイドする、改善する、教え込む、知識を与える、教授する、助成する、教える、トレーニングする、家庭教師をする

かっさらう　　Swipe[2]

くすねる、かすめ取る、つまみ取る、持ち去る、盗む

活性化する　　Activate

生命を吹き込む、高ぶらせる、目を覚まさせる、キューを出す、展開する、衝撃を与える、エネルギーを与える、景気をつける、電気ショックを与える、発生させる、押しやる、手ほどきをする、奮い立たせる、火付け役となる、生気を与える、動員する、モチベーション（動機）を与える、促す、発奮させる、刺激する、かきまわす、引き金を引く、生命力を与える、覚醒させる

勝手に変更を加える　　Doctor[1]

混ぜ物をする、汚す

活力を奪う　　　　　　　　　**Devitalise**

衰弱させる、士気を下げる、枯渇させる、奪う、障がい
を与える、減少させる、水を抜く、気力を弱める、弱ら
せる、使い果たす、疲労させる、能力を奪う、へとへと
にする、麻痺させる、樹液を絞り取る、飽きさせる、弱
体化させる、錯乱させる、減退させる

活を入れる　　　　　　　　　**Bolster**

補助する、手を貸す、増大させる、ブーストする、つっ
かえ棒をする、励ます、食べ物を与える、油を注ぐ、養
育する、自信を取り戻させる、テコ入れする、丈夫にす
る、サポートする、持続させる

家庭教師をする　　　　　　　　**Tutor**

補助する、承知させる、手を貸す、文明化する、コーチ
する、忠告する、開拓する、開発する、監督する、規律
に従わせる、叩きこむ、教化する、教育する、啓発する、
身なりを整える、ガイドする、手伝う、改善する、教え
込む、知識を与える、教授する、レクチャーする、学校
教育を受けさせる、教える、トレーニングする

カテゴリーに当てはめる　　　　**Categorise**

コンピューターで算出する、監禁する、等級を定める、
分類する、格付けする、限度を設ける、ランクをつける、
動かないようにする、制限する

稼働させる　　　　　　　　　**Operate**

ガイドする、影響を与える、管理する、操る、舵取りを
する、働かせる

悲しませる　　　　　　　　　**Sadden**

落ち込ませる、落胆させる、気落ちさせる、気を滅入ら
せる、苦悩させる

金槌で打つ　　　　　　　　　**Hammer**

ドンドンと叩く、めった打ちにする、打つ、ベルトで打
つ、殴り倒す、こなごなにする、ひっぱたいて何かをさ
せる、叩く、強打する、何度も殴る、グーで殴る、パン
チを食らわせる、張り倒す、一発お見舞いする、お尻を
ぺんぺん叩く、ぶつける、ごつんと打つ、さんざんに打
ちのめす、ぶっ叩く

83

あ	

金を巻き上げる　　Fleece

脅迫する、ずるいことをする、詐欺行為をする、もてあそぶ、荒らしまわる、強奪する、皮をはぐ、裸にする、かたる

可能にさせる　　Enable

根拠を与える、委託する、代表者として送り出す、権限をもたせる、円滑に進める、ライセンスを与える、許可する、権利を与える、認可する

ヒント「イネイブラー（enabler）」といえば薬物やアルコール依存症治療の分野で「知らず知らずのうちに患者に依存行動をさせるよう仕向けてしまう人」を指す。相手に何かを「させる」ようなアクションをする人だ。

かばう　　Shield

覆いをかける、衝撃をやわらげる、弁護する、ガードする、隠れ場所を提供する、家をあてがう、保護する、守る、見えないようにする、かくまう

過保護にする　　Spoil[1]

えこひいきする、気ままにさせる、甘ったれにさせる、ちやほやする、かわいがる

かまをかける　　Pump

反対尋問する、尋問する、探る、質問する、クイズを出す

我慢する　　Endure

順守する、負担する、辛抱する、サポートする、耐える、切り抜ける、持ちこたえる

がみがみ言う　　Berate

虐待する、攻撃する、酷評する、問責する、お灸をすえる、過小評価する、告発する、つっかかる、こきおろす、バッシングする、叱責する、槍玉にあげる、叱りつける、落ち度を指摘する、叱る、そしる

噛み切る　　Bite

ばりばり食べる、くちゃくちゃ噛む、ぎゅっと締める、噛み砕く、切る、かじる、ぎゅっと噛む、ちぎる、痛手を負わせる

仮面をはぐ　**Unmask**

暴露する、正体を見破る、粉砕する、裸にする、覆いを
取る、ベールを取り払う

カモにする　**Dupe**

うまいことを言って惑わせる、魅了する、ずるいことを
する、ぺてんにかける、欺く、詐欺行為をする、思い込
ませる、だます、つけ込む、一杯食わせる、目をくらま
す、出し抜く、かたる、トリックを仕掛ける、餌食にする

体の一部を切断する　**Amputate**

斧をふるう、切る、取り除く、分断する

絡めとる　**Entangle**

キャッチする、混乱させる、紛糾させる、動きを邪魔す
る、網にからませて捕らえる、罠にかける、巻き込む、
没頭させる、ぼんやりさせる、獲得する、誘い出して捕
まえる、自由を奪う、陥れる

狩る　**Hunt**

追いかける、鷹のように獲物を襲う、しつこく責める、
追い求める、ストーカー行為をする、追跡する

刈る　**Prune**

切る

軽く叩く　**Dab**

ぽんと叩く、押し当てる、タップする、触る

軽んじる　**Disparage**

虐待する、告訴する、責める、とがめる、安っぽくする、
けなす、誹謗する、告発する、名誉を汚す、弾劾する、
落ち度を指摘する、中傷する、そしる

かわいがる　**Pet**

愛撫する、心に抱く、はぐくむ、やさしく寄り添う、い
い気にさせる、撫でまわす、甘ったれにさせる、ちやほ
やする、過保護にする、撫でる、宝物にする

あ	

かわす　　　　　　　　　Dodge

避ける、すり抜ける、脱出する、ずるい手段を使って逃れる、逃走する、追い越す、義務を押しつける、疎外する、はぐらかす

皮をはぐ　　　　　　　　　Skin

うまいことを言って惑わせる、暴露する、はぎ取る、金を巻き上げる、皮をむく、覆いを取る

皮をむく　　　　　　　　　Peel

はぎ取る、皮をはぐ

感覚を失わせる　　　　　　Deaden

麻酔をかける、やる気をそぐ、減少させる、くすませる、マフラーで覆う、感覚を奪う、麻痺させる、鎮圧する、静かにさせる、屈服させる、息もつけないようにする、もみ消す、押し殺す、沈静する、減退させる

感覚を奪う　　　　　　　　Numb

麻酔をかける、停止させる、寒がらせる、感覚を失わせる、くすませる、凍りつかせる、動けなくする、不活性化する、麻痺させる、無意味にする、気絶させる、神経を鈍らせる

歓喜させる　　　　　　　　Delight

魅惑する、楽しませる、引き寄せる、魅了する、言いなりにさせる、心を奪う、うっとりさせる、元気づける、夢中にさせる、魔法をかける、関心を引く、恍惚とさせる、接待する、熱中させる、有頂天にさせる、エキサイトさせる、うきうきさせる、心を捉える、嬉しがらせる、幸せにする、気に入る、快楽を与える、誘惑する、呪縛する、スリルを感じさせる

喚起する　　　　　　　　　Evoke

手招きする、呼ぶ、呪文を唱えて召喚する、発奮させる、出頭を命じる

監禁する　　Confine

包囲攻撃する、縛り上げる、鳥かご・檻・監獄などに入れる、カテゴリーに当てはめる、束縛する、締めつける、鎖でつなぐ、かすがいで留める、輪で囲む、囲い込む、動きを邪魔する、奴隷にする、足枷をはめる、阻止する、留め置く、限度を設ける、手錠をかける、囲いの中に入れる、手や足をねじり上げる、抑圧する、動かないようにする、制限する、拘束する、縛る、自由を奪う

歓迎する　　Welcome

受け入れる、高く評価する、養子にする、拍手喝采する、迎え入れる、取り入れる、挨拶する、歓呼して迎える、招く、受け取る

簡潔な状況説明をする　　Brief

連絡する、準備する、事前に教える

歓呼して迎える　　Hail

高く評価する、認知する、呼びかける、拍手喝采する、元気づける、高揚させる、美化する、挨拶する、尊ぶ、賛美する、会釈する、歓迎する

観察する　　Observe

研究する

がんじがらめにする　　Strap

打ち負かす、木の枝で叩く、杖やステッキで叩く、酷評する、おしおきする、ひっぱたいて何かをさせる、縛り合わせる、お尻をぺんぺん叩く、お尻をひっぱたく、脱穀する、縛る、鞭打つ、くびきをかける

監視する　　Monitor

測定する

感謝する　　Thank

祝福する、信用する、賛美する、見返りを与える

感情を害する　　Aggrieve

気を悪くさせる、傷つける

あ
か
さ
た
な
は
ま
や
ら
わ

感心させる　　　　　　　　　　　Impress

びっくりさせる、鷲掴みにする、引き寄せる、幻惑させ
る、興味をもたせる、動かす、心に触れる

関心を引く　　　　　　　　　　Engage[1]

引き寄せる、魅惑する、鷲掴みにする、魅了する、婚約
させる、心を奪う、うっとりさせる、歓喜させる、気晴
らしをさせる、引き出す、夢中にさせる、魔法をかける、
遭遇する、慕わせる、エネルギーを与える、注意を奪う、
恍惚とさせる、熱中させる、有頂天にさせる、心を捉え
る、心をつかむ、記憶に留める、釣る、催眠術をかける、
興味をもたせる、没頭させる、我を忘れさせる

感染させる　　　　　　　　　　　Infect

くじく、汚す、堕落させる、エキサイトさせる、影響を
与える、毒を盛る、汚染する、手を染めさせる

貫通させる　　　　　　　　　　Penetrate

口火を切る、妊娠させる、寄生する、潜入する、侵略す
る、浸透する、突き刺す、ちくりと刺す、探る、痛めつ
ける、ぐさりと刺す

鑑定する　　　　　　　　　　　Appraise

わからせる、アドバイスする、分析する、査定する、オー
ディションで審査する、批判する、見積もる、評価する、
測定する、基準に当てはめて判断する、寸法を測る、試
す、試みる、値をつける、厳しく吟味する

監督する　　　　　　　　　　　Direct

司令塔として動く、強制的にさせる、コントロールする、
指揮する、優位に立つ、焦点を当てる、統治する、ガイ
ドする、リードする、管理する、操作する、モチベーショ
ン（動機）を与える、ナビゲートする、正しい方角に向
ける、支配する、学校教育を受けさせる、舵取りをする、
教える、家庭教師をする

完敗させる　　　　　　　　　　　Rout

機能を損なわせる、こなごなにする、取り壊す、破壊す
る、打撃を与える、とどめを刺す、破滅させる、粉砕する

看病する
Nurse

補助する、手を貸す、ブーストする、励ます、育てる、
助ける、養分を与える、養育する、サポートする

勘弁する
Excuse

釈放する、疑いを晴らす、大目に見る、免除する、容疑
を晴らす、許す、恩赦する、容認する、弁明する

冠を載せる
Crown [2]

飾る、勲章を授ける、高貴にする、尊ぶ、非の打ちどこ
ろをなくす、見返りを与える

勧誘する
Solicit

乞う、歎願する、切望する、泣きつく、しつこくねだる

関与を否定する
Repudiate

縁を切る、度外視する、断る、拒絶する、断つ、そっけ
なくする、明け渡す

管理する
Manage

指揮する、コントロールする、監督する、統治する、ガ
イドする、影響を与える、操る、操作する、稼働させる、
組織する、取り締まる、舵取りをする、働かせる

簡略化する
Abridge

凝縮する、要約する

緩和する
Assuage

やわらげる、苦痛を軽減する、なだめる、落ち着かせる、
慰める、安らぎを与える、はぐくむ、打ち明ける、ゆる
ませる、晴れやかにする、寝かしつける、とりなす、あ
やす、鎮める、静かにさせる、リラックスさせる、安心
させる、満足させる、なごませる、おとなしくさせる、
加減する、沈静する

あ
か
さ
た
な
は
ま
や
ら
わ

気合いを入れる　　　Enhearten

ブーストする、元気づける、慰める、励ます、興味津々にさせる、燃え立たせる、電気ショックを与える、発生させる、鼓舞する、ひらめきを与える、奮い立たせる

ヒント 気合いを入れたい時の体の仕草はさまざまだ。力が入る部分はどこだろう？　原語には「heart（ハート）」という語が入っている。胸に力がみなぎるイメージも試してみるといいだろう。

記憶に留める　　　Hold

魔法をかける、関心を引く、注意を奪う、有頂天にさせる、心を捉える、注意を引く、うわの空にさせる、立ちすくませる

気落ちさせる　　　Dismay

ぎょっとさせる、士気を下げる、やめさせる、落胆させる、気を滅入らせる、気力を弱める、悲しませる

危機に追い込む　　　Jeopardise

危険に晒す、脅かす、テロの恐怖に陥れる

ぎくりとさせる　　　Frighten

恐れを引き起こす、警報を伝える、ぎょっとさせる、いじめる、抑止する、狼狽させる、憑く、恐怖を感じさせる、威嚇する、身をすくませる、パニックに陥れる、呆然とさせる、怖がらせる、ショックを与える、怯えさせる、はっとさせる、ぞっとさせる、テロの恐怖に陥れる

危険に晒す　　　Imperil

品位を落とす、危険を及ぼす、危機に追い込む、リスクに晒す、脅かす

危険を及ぼす　　　Endanger

待ち伏せをして襲う、品位を落とす、危険に晒す、巻き込む、テロの恐怖に陥れる、脅かす

機嫌をそこねる　　　Rile

さらに悪化させる、むっとさせる、波立たせる、激高させる、飽き飽きさせる、いらいらさせる、密告する、いびる、じらす

騎士の爵位を授ける　　　Knight

賛辞を述べる、高貴にする、認識する、見返りを与える、会釈する

基準に当てはめて判断する　　Judge [1]

分析する、鑑定する、熟考する、測定する、寸法を測る

傷跡を残す　　　Scar

美を損なわせる、台なしにする、へこみや線などの跡をつける

キスする　　　Kiss

ブラシをかける、愛撫する、挨拶のキスをする、触る

傷つける　　　Hurt

虐待する、苛む、さらに悪化させる、感情を害する、めった打ちにする、切る、ダメージを与える、障がいを与える、害を及ぼす、悪くする、けがをさせる、侮辱する、冷遇する、台なしにする、こき使う、針で刺す、減退させる、痛手を負わせる、悪いことをする

寄生する　　　Infest

攻撃する、侵略する、過剰な負担をかける、圧倒する、貫通させる、水没させる

犠牲にする　　　Sacrifice

殺す、断つ、明け渡す

気絶させる　　　Stun

びっくりさせる、停止させる、驚愕させる、度肝を抜く、物思いにふけらせる、途方に暮れさせる、面食らわせる、ぼーっとさせる、唖然とさせる、たまげさせる、凍らせる、動けなくする、感覚を奪う、麻痺させる、呆然とさせる、ショックを与える、よろめかす、ぶつける、神経を鈍らせる、驚かせる、息を切らせる

規則正しくする　　　Regulate

バランスをとる、地に足をつけさせる、穏やかにさせる、正常化する、命令する、取り締まる、定例化する、居場所を与える、安定させる

起訴する　Prosecute

告訴する、とがめる、施行する、裁判所に訴えを出す

気に入る　Please

楽しませる、うっとりさせる、元気づける、充足させる、歓喜させる、嬉しがらせる、幸せにする、気ままにさせる、鎮める、快楽を与える、満足させる

機能を損なわせる　Cripple

折る、ダメージを与える、衰弱させる、打倒する、士気を下げる、奪う、破壊する、障がいを与える、骨抜きにする、気力を弱める、フラストレーションを与える、妨げる、悪くする、動けなくする、貧乏にする、けがをさせる、能力を奪う、重傷を負わせる、ずたずたにする、ばらばらに切断する、麻痺させる、完敗させる、破滅させる、破壊工作をおこなう、減退させる

木の枝で叩く　Birch

杖やステッキで叩く、おしおきする、ひっぱたいて何かをさせる、がんじがらめにする、お尻をひっぱたく、鞭打つ

気晴らしをさせる　Divert [1]

関心を引く、接待する、興味をもたせる、大盤振る舞いする

厳しく吟味する　Vet

鑑定する、チェックする、解剖する、徹底的に調べる

厳しく罰する　Scourge

打ち負かす、ひっぱたいて何かをさせる、脱穀する、苦しめる、拷問する、鞭で打つ

厳しく命じる　Adjure

司令塔として動く

気ままにさせる　Indulge

なだめる、えこひいきする、幸せにする、調子を合わせる、甘ったれにさせる、ちやほやする、鎮める、気に入る、快楽を与える、大盤振る舞いする、見返りを与える、満足させる、過保護にする、耐える

義務づける　Oblige [1]

強制的にさせる、施行する、義務を負わせる

義務を押しつける　Shirk

避ける、かわす、すり抜ける、脱出する、ずるい手段を
使って逃れる、生け垣で囲む

義務を負わせる　Obligate

責任をもつ、強制的にさせる、強いる、施行する、従事
させる、切除する、余儀なくさせる、義務づける

気持ちを高める　Elevate [1]

生命を吹き込む、ブーストする、明るくする、元気づけ
る、鼻高々にさせる、高揚させる、エキサイトさせる、
うきうきさせる、鼓舞する、押し上げる、持ち上げる、
発奮させる

気持ちを悪くさせる　Sicken

ぎょっとさせる、むかつかせる、縁を切る、恐怖を感じ
させる、吐き気を催させる、いやな気分にさせる、追い
払う、嫌悪感を感じさせる、うんざりさせる

逆上させる　Madden

むっとさせる、激怒させる、立腹させる、真っ赤にする、
激高させる、いらいらさせる、憤慨させる、挑発する、
蝶番をはずす、気を動転させる

虐待する　Abuse

攻め立てる、攻撃する、がみがみ言う、美を損なわせる、
残忍な仕打ちをする、問責する、呪う、ダメージを与え
る、けなす、誹謗する、下劣にする、蔑視する、軽んじ
る、食いものにする、長々と説教する、害を及ぼす、傷
つける、悪くする、つっかかる、けがをさせる、侮辱す
る、やじる、こきおろす、悪口を言う、冷遇する、手荒
く扱う、台なしにする、悪用する、こき使う、酷使する、
痴漢行為をする、ひどく叱る、迫害する、邪道に導く、
叱責する、罵倒する、破滅させる、中傷する、拷問する、
使う、そしる、違反する、悪いことをする

あ
か
さ
た
な
は
ま
や
ら
わ

あ
か
さ
た
な
は
ま
や
ら
わ

逆転させる　　Turn
改ざんする、変える、変換する、邪道に導く、誘惑する、
変容させる

却下する　　Overrule
間違っていることを示す、取り消す

キャッチする　　Catch
鷲掴みにする、言いなりにさせる、心を奪う、捕獲する、
うっとりさせる、検出する、魔法をかける、網にからま
せて捕らえる、罠にかける、絡めとる、つかみ取る、釣
る、取り押さえる、引き抜く、誘い出して捕まえる、ひっ
たくる、陥れる

キャンセルする　　Cancel
撃滅させる、破壊する、消し去る、根絶する、切除する、
拭い去る、根こそぎにする、間違っていることを示す、
撃破する、壊滅させる、破棄する

求愛・交際する　　Court
魅了する、おだてる、うっとりさせる、気を引く、エス
コートする、説き伏せる、追い求める、恋愛する、誘惑
する、言い寄る

救援する　　Succour
教唆する、補助する、手を貸す、後押しする、励ます、
転送する、先へ進ませる、手伝う、看病する、安心させ
る、丈夫にする、サポートする、持続させる

救済する　　Salvage
回収する、挽回する、救助する、復元する、救う

吸収する　　Absorb
食い尽くす、消化する、包む、組み入れる、処理する

救出する　　Retrieve
奪い返す、回収する、取り戻す

救助する　Rescue

開放的な気分にさせる、苦労をなくす、束縛を解く、独立させる、自由にする、解き放つ、挽回する、解除する、安心させる、救済する、救う、荷を下ろす

牛耳る　Overmaster

捕獲する、征服する、こなごなにする、優位に立つ、独裁する、耐え切れなくさせる、押し殺す、破る

急に動かす　Rush

扇動する、急がせる、急き立てる、押し売りする、ごり押しする、速める、強く勧める

急につかむ　Seize

さらう、逮捕する、心を奪う、留め金で留める、しっかり握る、抱き合う、つかみ取る、把握する、握りしめる、ハイジャックする、誘拐する、取り押さえる、引き抜く、憑いて何かをさせる、不意に襲撃する、誘い出して捕まえる、ひったくる

急に止める　Check [1]

コントロールする、妨げる、止める

急に揺すぶる　Jolt

びっくりさせる、驚愕させる、衝撃を与える、エキサイトさせる、燃え立たせる、電気ショックを与える、生気を与える、発奮させる、震えさせる、ショックを与える、はっとさせる、刺激する、かきまわす

キューを出す　Cue

活性化する、促す、引き金を引く

ヒント 「キュー」とは行動の開始を指示する合図のこと。放送や舞台の現場では手ぶりで示すことが多い。

ぎゅっと押しつぶす　Squash

ブルドーザーで押しつぶす、こなごなにする、ぺしゃんこにする、すりつぶす、何度も殴る、押し当てる、制圧する、抑圧する、ぎゅっと握る、押し殺す、踏みつける

95

あ	

ぎゅっと嚙む　Nip

嚙み切る、少しずつかじって食べる、つねる

ぎゅっと握る　Squeeze

留め金で留める、強く抱擁する、やさしく寄り添う、抱き合う、ハグする、圧迫する、つねる、押し当てる、ぎゅっと押しつぶす

教育する　Educate

アドバイスする、承知させる、文明化する、コーチする、忠告する、開拓する、開発する、規律に従わせる、叩きこむ、教化する、向上させる、啓発する、豊かにする、育てる、身なりを整える、ガイドする、改善する、教え込む、知識を与える、教授する、型にはめる、助成する、磨きをかける、学校教育を受けさせる、形作る、教える、家庭教師をする、トレーニングする

驚愕させる　Astonish

びっくりさせる、度肝を抜く、途方に暮れさせる、面食らわせる、ぼーっとさせる、幻惑させる、唖然とさせる、衝撃を与える、エキサイトさせる、たまげさせる、卒倒させる、急に揺すぶる、煙に巻く、ショックを与える、よろめかす、はっとさせる、刺激する、気絶させる、神経を鈍らせる、驚かせる

教化する　Edify

承知させる、文明化する、コーチする、忠告する、開拓する、開発する、規律に従わせる、叩きこむ、教育する、向上させる、啓発する、教練する、育てる、ガイドする、改善する、教え込む、知識を与える、教授する、助成する、学校教育を受けさせる、教える、トレーニングする、家庭教師をする

狂喜させる　Ravish[1]

心を奪う、うっとりさせる、魔法をかける、恍惚とさせる、有頂天にさせる、別世界にいるような気分にさせる

強健にする　Harden

強化する、鍛錬する、テコ入れする、鋼で覆う、こわばらせる、丈夫にする、たくましくする

教唆する　　　　　　　　　　　　Abet

提唱する、補助する、手を貸す、後押しする、ブースト
する、大目に見る、励ます、推奨する、えこひいきする、
転送する、育てる、先へ進ませる、扇動する、手伝う、
パトロンになる、促進する、挑発する、支持する、丈夫
にする、救援する、サポートする

教授する　　　　　　　　　　Instruct

アドバイスする、承知させる、指図する、文明化する、
コーチする、司令塔として動く、強制的にさせる、忠告
する、開拓する、開発する、規律に従わせる、叩きこむ、
教化する、教育する、向上させる、啓発する、親しませ
る、身なりを整える、ガイドする、知識を与える、レク
チャーする、命令する、学校教育を受けさせる、教える、
トレーニングする、家庭教師をする

矯正する　　　　　　　　　　　Remedy

補助する、苦痛を軽減する、治す、癒す、手伝う、改善
する、修繕する、生まれ変わらせる、手当てをする

強制的にさせる　　　　　　　　Compel

脅迫する、強要する、司令塔として動く、強いる、駆動
する、施行する、有頂天にさせる、無理強いする、心を
捉える、余儀なくさせる、押しやる、教授する、我を忘
れさせる、モチベーション（動機）を与える、義務を負
わせる、義務づける、ごり押しする、強く勧める

強制的に動員する　　　　　Requisition

私物化する

強制的に取り上げる　　　Expropriate

奪う、没収する

強打する　　　　　　　　　　　Knock [1]

攻撃する、ドンドンと叩く、打つ、ドンとぶつける、殴
り倒す、棍棒で殴る、平手打ちを食らわす、誹謗する、
取り壊す、肘で押す、ぺしゃんこにする、金槌で打つ、
叩く、ジャブを打つ、バッシングする、肘で軽く突いて
注意を促す、パンチを食らわせる、押す、こつんと叩く、
押しのける、張り倒す、一発お見舞いする、さんざんに
打ちのめす

97

競売にかける	**Auction**

売春する、売る

脅迫する	**Blackmail**

賄賂を贈る、強要する、強制的にさせる、金を巻き上げる、威嚇する、テロの恐怖に陥れる、脅かす

恐怖を感じさせる	**Horrify**

恐れを引き起こす、警報を伝える、ぎょっとさせる、むかつかせる、ぎくりとさせる、吐き気を催させる、憤慨させる、呆然とさせる、追い払う、ショックを与える、気持ちを悪くさせる、ぞっとさせる、テロの恐怖に陥れる

興味津々にさせる	**Enthuse**

励ます、気合いを入れる、エキサイトさせる、激励する

興味をそそる	**Intrigue**

高ぶらせる、引き寄せる、心を奪う、うっとりさせる、接待する、熱中させる、心を捉える、発生させる、興味をもたせる、じっと見つめる

興味をもたせる	**Interest**

作用する、武装させる、高ぶらせる、気晴らしをさせる、従事させる、注意を奪う、心を捉える、発生させる、感心させる、興味をそそる、没頭させる

強要する	**Coerce**

脅迫する、強制的にさせる、強いる、優位に立つ、独裁する、課する

協力を求める	**Enlist**

指名する、委託する、雇用する、従事させる、手に入れる、調達する、募集する、抱える

教練する	**Exercise**

叩きこむ、教化する、改善する

許可する　Permit

受け入れる、認める、承認する、根拠を与える、力を与える、可能にさせる、推奨する、権限をもたせる、ライセンスを与える、権利を与える、認可する、正当性を認める、保証する

去勢する　Castrate

力を奪う、骨抜きにする、殺菌する

拒絶する　Reject

放棄する、流刑にする、裏切る、ボイコットする、逆らう、捨てる、処分する、拒否する、縁を切る、度外視する、すっぽかす、離婚する、やめにする、やっかい払いする、外に出す、除く、除外する、除名する、無視する、恋人を振る、門前払いする、断る、断つ、関与を否定する、冷笑する、そっけなくする

ぎょっとさせる　Appall

むかつかせる、気落ちさせる、ぎくりとさせる、恐怖を感じさせる、愛想をつかせる、ショックを与える、気持ちを悪くさせる

拒否する　Disclaim

処分する、縁を切る、叱責する、拒絶する、断つ、そっけなくする

清らかなものにする　Sanctify

聖職者に任命する、列福する、祝福する、神聖なものとする、神格化する、高貴にする、美化する、崇める、偶像化する、浄化する

切り込みを入れる　Notch

切る、削る

ヒント「Notch」は「Ｖ字型に切り込む」こと。電子工学では特定の周波数の信号だけを除去する機能にノッチフィルターというものがある。限定的な部分に鋭く反応する人物の視線や仕草に生かせるだろうか。

あ	

切り込む Incise

切り開く、切る、深い切り傷をつける、えぐる、かきむ
しる、切りつける、細長く切る、割る、ちぎる、痛手を
負わせる

切り殺す Slay

撃滅させる、屠殺する、除く、処刑する、殺す、消す、
殺害する、終わらせる

切り倒す Stump

まごつかせる、冷静さを失わせる、途方に暮れさせる、
ブロックする、面食らわせる、混乱させる、唖然とさせる、
理解できないことをする、卒倒させる、ぽかんとさせる、
裏をかく、先んずる、煙に巻く、出し抜く、当惑させる、
思案させる、かきまわす、かき立てる、食い止める

切りつける Slash

勢いよく切る、切り開く、切る、深い切り傷をつける、
えぐる、叩き切る、切り込む、ナイフで刺す、かきむし
る、引き裂く、細長く切る、ぶつける、ちぎる

規律に従わせる Discipline

こらしめる、お灸をすえる、文明化する、コーチする、
開拓する、開発する、叩きこむ、教化する、教育する、
啓発する、育てる、統治する、教え込む、知識を与える、
教授する、型にはめる、罰する、学校教育を受けさせる、
意のままに操る、手なずける、教える、トレーニングす
る、家庭教師をする

切り抜ける Weather

我慢する、辛抱する、持ちこたえる

切り離す ［複］ Detach

孤立させる、分ける、もぎ取る

切り開く Cleave [1]

切る、深い切り傷をつける、えぐる、叩き切る、かきむ
しる、切りつける、細長く切る、打ちのめす、割る、ち
ぎる

切り札を出す　Trump

勝る、抜け駆けする、出し抜く、追い抜く

気力を弱める　Enervate

折る、機能を損なわせる、衰弱させる、士気を下げる、活力を奪う、障がいを与える、落胆させる、気落ちさせる、気を滅入らせる、水を抜く、骨抜きにする、弱らせる、使い果たす、疲労させる、貧乏にする、能力を奪う、へとへとにする、麻痺させる、縮小する、制限する、樹液を絞り取る、飽きさせる、減退させる

切る　Cut[1]

体の一部を切断する、噛み切る、勢いよく切る、切り開く、解剖する、深い切り傷をつける、えぐる、叩き切る、傷つける、切り込む、ナイフで刺す、かきむしる、槍で突く、引っかき傷をつける、切り込みを入れる、突き刺す、ちくりと刺す、刈る、壊滅させる、引き裂く、切れ目を入れる、引っかく、分断する、切りつける、細長く切る、割る、針で刺す、ぶつける、ちぎる、痛手を負わせる

切れ目を入れる　Score

切る

気を散らす　Distract

どんよりさせる、物思いにふけらせる、判断力を失わせる、悩ませる、ぼーっとさせる、狼狽させる、脇へそらす、ぼんやりさせる、思案させる、投げる、気を動転させる、心配させる

気を動転させる　Upset

煽る、悩ませる、発狂させる、人を不快にする、企てを失敗させる、狼狽させる、中断させる、不満足にさせる、気を散らす、苦悩させる、乱す、どぎまぎさせる、波立たせる、嫌がらせをする、逆上させる、密告する、いやな気分にさせる、かき乱す、迷惑をかける、自信をなくさせる、不安にさせる、じらす

気を引く　Entice

魅惑する、引き寄せる、手招きする、魅了する、おだてる、丸め込む、求愛・交際する、おとりを使う、はめる、心を捉える、誘導する、説き伏せる、おびき寄せる、納得させる、追い求める、誘惑する、その気にさせる、言い寄る

気を滅入らせる　Dispirit

折る、安っぽくする、こなごなにする、やる気をそぐ、けなす、誹謗する、引き下げる、士気を下げる、落ち込ませる、抑止する、がっかりさせる、やめさせる、落胆させる、気落ちさせる、気力を弱める、威嚇する、圧迫する、悲しませる

気をもませる　Fuss

悩ませる、くどくどと文句を言う

気を悪くさせる　Displease

感情を害する、むっとさせる、心を乱す、不満足にさせる、乱す、飽き飽きさせる、いやな気分にさせる、かき乱す

均一にする　Equalise

バランスをとる

禁じる　Forbid

法律で禁じる、封鎖する、除外する、締め出す、無効にする、させないようにする、遮断する、非合法化する、起きないようにする、差し止める、排斥する

クイズを出す　Quiz

問いただす、反対尋問する、問い詰める、尋問する、インタビューする、かまをかける、質問する、試す

食い尽くす　Consume

吸収する、くちゃくちゃ噛む、むさぼり食う、飲み込む、包む、圧倒する、飲み込む、水没させる

ぐいっと引っぱる　Yank

引き出す、引く、強く引く、ねじり取る

食い止める　**Thwart**

ブロックする、打倒する、逆らう、遅らせる、すり抜ける、ぽかんとさせる、先んずる、阻止する、妨げる、進行を遅らせる、妨害する、出し抜く、受け流す、止める、無意味にする、切り倒す、元の木阿弥にする

食いものにする　**Exploit**

虐待する、操る、酷使する、かたる、使う

偶像化する　**Idolise**

憧れる、称える、飾る、へつらう、列福する、神格化する、祭る（祀る）、高揚させる、美化する、賛美する、敬愛する、清らかなものにする、宝物にする、敬意を示す、崇拝する

釘で留める　**Peg**

固定する、押さえ込む、確保する

腐らせる　**Spoil** [2]

汚す、ダメージを与える、変形させる、悪くする、けがをさせる、台なしにする、汚染する、破滅させる、手を染めさせる

鎖でつなぐ　**Chain**

とりこにする、監禁する、束縛する、締めつける、動きを邪魔する、奴隷にする、足枷をはめる、固定する、阻止する、留め置く、閉じ込める、手錠をかける、手や足をねじり上げる、動かないようにする、制限する、確保する、縛る、くびきをかける

ぐさりと刺す　**Stab**

刺し貫く、ナイフで刺す、貫通させる、穴を開ける、突き刺す、パンクさせる、串刺しにする、犬釘を打ちつける、痛手を負わせる

鎖をはずす　**Unchain**

開放的な気分にさせる、苦労をなくす、撤退する、もつれを解く、束縛を解く、独立させる、公民権や参政権を与える、自由にする、解き放つ、解除する、荷を下ろす、制限を取り払う、つないだ紐を放す、足枷をはずす、ほどく

くじく	**Blight**

汚す、悪くする、感染させる、台なしにする、手を染めさせる

くじけさせる	**Break**[2]

士気を下げる、気を滅入らせる、気力を弱める、弱らせる、抑える、減退させる

串刺しにする	**Skewer**

刺し貫く、ナイフで刺す、突き刺す、犬釘を打ちつける、ぐさりと刺す

くしゃくしゃにする	**Crumple**

こなごなにする、ぼさぼさに乱す

駆除する	**Eliminate**[1]

撃滅させる、破壊する、根絶する、一掃する、殺す、殺害する、切り殺す、終わらせる

くすぐる	**Tickle**

楽しませる、元気づける、触発する、刺激する、もったいぶる、心地よい刺激を与える

くすねる	**Filch**

私物化する、酷使する、かすめ取る、ちょろまかす、つまみ取る、持ち去る、強奪する、盗む、かっさらう

くすませる	**Dull**

麻酔をかける、やる気をそぐ、感覚を失わせる、感覚を奪う、静かにさせる

砕いて破片にする	**Fragment**

折る、砕く、分裂させる、粉砕する、ばらばらに裂く、割る

砕く	**Crumble**

折る、腐食する、次第に薄れさせる、分裂させる、蝕む、砕いて破片にする、粉砕する、ばらばらに裂く、割る

口止めする　　　　　　　　　　Muzzle

歯止めをかける、猿ぐつわをかませる、黙らせる、マフ
ラーで覆う、音を弱める、静かにさせる、沈黙させる、
もみ消す、止める、押し殺す

口火を切る　　　　　　　　　　Broach [1]

貫通させる、突き刺す

苦痛を軽減する　　　　　　　　Alleviate

やわらげる、なだめる、緩和する、落ち着かせる、慰め
る、打ち明ける、苦労をなくす、ゆるませる、手伝う、
小さくする、晴れやかにする、静かにさせる、リラック
スさせる、安心させる、矯正する、復元する、なごませ
る、おとなしくさせる、甘味をつける、沈静する

屈辱を与える　　　　　　　　　Humiliate

見くびる、こなごなにする、切る、評価を落とす、引き
下げる、体面を傷つける、卑しめる、面目を失わせる、
恥をかかせる、控えめにさせる、ばかにする、恥ずかし
い思いをさせる、鼻であしらう、圧勝する

クッションをあてる　　　　　　Cushion [1]

感覚を失わせる、マフラーで覆う、もみ消す

屈服させる　　　　　　　　　　Reduce [1]

折る、感覚を失わせる、評価を落とす、衰弱させる、体
面を傷つける、降格させる、枯渇させる、奪う、安売り
する、減少させる、障がいを与える、水を抜く、気力を
弱める、使い果たす、控えめにさせる、貧乏にする、小
さくする、救済する、樹液を絞り取る、飢えさせる、意
のままに操る、従属させる、破る、減退させる

くつろがせる　　　　　　　　　Mellow

抑える

駆動する　　　　　　　　　　　Drive

強制的にさせる、励ます、余儀なくさせる、扇動する、
押しやる、モチベーション（動機）を与える、前へ押し
出す、プッシュする、拍車をかける、刺激する、突き出
す、強く勧める

あ
か
さ
た
な
は
ま
や
ら
わ

くどくどと文句を言う　　　Niggle

むっとさせる、気をもませる、わずらわせる、尻に敷く、いらいらさせる、つきまとう、いびる、駄々をこねる、心配させる

苦悩させる　　　Distress

苛む、煽る、警報を伝える、むっとさせる、悪魔憑きにさせる、悩ませる、懸念させる、心を乱す、狼狽させる、乱す、どぎまぎさせる、波立たせる、悔しがらせる、悲しませる、迷惑をかける、自信をなくさせる、気を動転させる、じらす、心配させる

くびきをかける　　　Yoke

縛り上げる、鎖でつなぐ、がんじがらめにする

ヒント「くびき」とは牛や馬に車を引かせるためにつける棒状の器具。実際にイメージすると、肩や首のあたりにかなり不自由な感覚が生まれそうだ。

クビにする　　　Fire [1]

流刑にする、放免する、払い落とす、解散させる、没収する、外に出す、除名する、失脚させる、取り除く、解雇する

組み合わせる［複］　　　Combine

一丸にする、団結させる

組み入れる　　　Incorporate

吸収する、取り巻く、網羅する、課する、含める、まとめる、合流する、包含する

組み立て直す　　　Reassemble [1]

修繕する、再建する、再構築する、修理する、復元する

曇らせる　　　Cloud [1]

薄暗くする、火を消す、見えにくくする

悔しがらせる　　　Mortify

苦悩させる

ぐらぐらさせる　　　　　Unsteady

発狂させる、不安定にする、自信をなくさせる、不安にさせる

苦しめる　　　　　　　　Torment

さらに悪化させる、攻め立てる、せがむ、餌を仕掛ける、恫喝する、いらつかせる、いじめる、呪う、フラストレーションを与える、長々と説教する、嫌がらせをする、うるさく催促する、わずらわせる、どなりつける、尻に敷く、威嚇する、いらいらさせる、冷遇する、つきまとう、迫害する、駄々をこねる、疫病にかからせる、挑発する、いたぶる、厳しく罰する、なじる、もったいぶる、拷問する、迷惑をかける、じらす

くるむ　　　　　　　　　Enfold

周囲を回る、周囲に境界線を引く、留め金で留める、やさしく寄り添う、取り巻く、輪で囲む、囲い込む、網羅する、飲み込む、包む、包み込む、支える、ハグする、包み隠す、取り囲む、包帯を巻く、巻きつける、花輪で囲む

愚弄する　　　　　　　　Jibe

質問攻めにする、やじる、ばかにする、光沢を損なう、なじる

苦労をなくす　　　　　　Disencumber

釈放する、苦痛を軽減する、開放的な気分にさせる、放免する、撤退する、もつれを解く、束縛を解く、独立させる、公民権や参政権を与える、自由にする、解き放つ、救助する、解除する、安心させる、荷を下ろす、鎖をはずす、制限を取り払う、つないだ紐を放す、足枷をはずす、ほどく

黒く塗る　　　　　　　　Blacken

ののしる、けなす、誹謗する、美観を汚す、過小評価する、名誉を汚す、つっかかる、悪口を言う、中傷する、塗りつける、汚点をつける、しみをつける、手を染めさせる、光沢を損なう、揶揄する、そしる

企てを失敗させる　　　　　Discomfit

ぎょっとさせる、混乱させる、人を不快にする、心を乱す、狼狽させる、苦悩させる、乱す、恥をかかせる、卒倒させる、どぎまぎさせる、かき乱す、動揺させる、恥ずかしい思いをさせる、気を転転させる

ヒント 相手に「あわてふためく」「動揺する」といったリアクションをさせるには、どのようなアクションを仕掛けるといいだろうか。相手のもくろみを頓挫させ、予測を裏切る結果を引き出す行動を考えよう。

訓戒する　　　　　　　　　Lecture [1]

問責する、小言を言う、長々と説教する、叱りつける、たしなめる、叱る、家庭教師をする

勲章を授ける　　　　　　　Decorate

飾る、飾り立てる、美しくする、紋章を描く、冠を載せる、紋章を飾る、裕福にする、飾り縄をつける、あしらいを施す、花輪で囲む

敬愛する　　　　　　　　　Revere

称える、憧れる、へつらう、列福する、神格化する、高貴にする、尊重する、美化する、尊ぶ、偶像化する、褒めちぎる、重んじる、リスペクトする、宝物にする、敬意を示す、崇拝する

敬意を示す　　　　　　　　Venerate

称える、憧れる、へつらう、列福する、神聖なものとする、神格化する、高貴にする、祭る（祀る）、尊ぶ、偶像化する、重んじる、リスペクトする、敬愛する、宝物にする、崇拝する

景気をつける　　　　　　　Enliven

活性化する、楽しませる、生命を吹き込む、高ぶらせる、目を覚まさせる、明るくする、元気づける、衝撃を与える、エネルギーを与える、エキサイトさせる、うきうきさせる、燃え立たせる、さっぱりさせる、発生させる、嬉しがらせる、鼓舞する、ひらめきを与える、奮い立たせる、生気を与える、照らす、モチベーション（動機）を与える、速める、リフレッシュさせる、復元する、復活させる、発奮させる、刺激する、おめかしさせる、生命力を与える、覚醒させる

警告する　　　　　　　　　　　　**Caution**

戒める、アドバイスする、注意を喚起する、忠告する、や
めさせる、思いとどまらせる、たしなめる、用心させる

計算する　　　　　　　　　　　　**Calculate**

査定する、見積もる、寸法を測る

軽視する　　　　　　　　　　　　**Slight**

無礼な言動をする、侮辱する、笑いものにする、いやな
気分にさせる、中傷する、鼻であしらう

継続させる　　　　　　　　　　　**Support**[1]

担う、持ち運ぶ、はぐくむ、支える、肩代わりする

啓発する　　　　　　　　　　　　**Enlighten**

わからせる、アドバイスする、承知させる、文明化する、
コーチする、忠告する、開拓する、開発する、規律に従
わせる、叩きこむ、教化する、教育する、向上させる、
育てる、ガイドする、改善する、知識を与える、教授す
る、助成する、学校教育を受けさせる、教える、トレー
ニングする、家庭教師をする

軽蔑する　　　　　　　　　　　　**Despise**

罵倒する、冷笑する

警報を伝える　　　　　　　　　　**Alarm**

恐れを引き起こす、煽る、注意を喚起する、苦悩させる、
乱す、ぎくりとさせる、恐怖を感じさせる、身をすくませ
る、パニックに陥れる、かき乱す、呆然とさせる、怖がら
せる、合図を送る、はっとさせる、ぞっとさせる、テロの
恐怖に陥れる、脅かす、自信をなくさせる、用心させる

刑務所に入れる　　　　　　　　　**Imprison**

鳥かご・檻・監獄などに入れる、待たせる、留め置く、
押収する、幽閉する、動かないようにする、陥れる

契約する　　　　　　　　　　　　**Contract**

雇用する、従事させる

あ	
か	
さ	
た	
な	
は	
ま	
や	
ら	
わ	

汚す　Contaminate

混ぜ物をする、塗りたくる、くじく、ダメージを与える、劣化させる、美観を汚す、汚れをつける、勝手に変更を加える、反則を犯す、悪くする、感染させる、毒を盛る、汚染する、塗りつける、腐らせる、しみをつける、手を染めさせる、不順にする

けがをさせる　Injure

虐待する、めった打ちにする、折る、打撲傷を負わせる、機能を損なわせる、ダメージを与える、外観を傷つける、害を及ぼす、傷つける、悪くする、侮辱する、冷遇する、台なしにする、こき使う、破滅させる、腐らせる、減退させる、痛手を負わせる、悪いことをする

激高させる　Infuriate

激怒させる、事を荒立てる、燃え立たせる、立腹させる、真っ赤にする、逆上させる、憤慨させる、機嫌をそこねる、発奮させる、じらす

激怒させる　Enrage

さらに悪化させる、情熱を与える、立腹させる、そそのかす、真っ赤にする、激高させる、逆上させる、憤慨させる、触発する

激突する　Ram

攻撃する、体当たりする、ぶつける、押し込む

撃破する　Obliterate

撃滅させる、キャンセルする、打ち切る、取り壊す、破壊する、消し去る、根絶する、拭い去る、一掃する、根こそぎにする、壊滅させる、沈没させる

撃滅させる　Annihilate

撤廃する、キャンセルする、取り壊す、破壊する、駆除する、根絶する、切除する、処刑する、拭い去る、一掃する、火を消す、根こそぎにする、とどめを刺す、殺す、皆殺しにする、殺害する、打ち消す、無にする、撃破する、壊滅させる、惨殺する、切り殺す、終わらせる

110

激励する　Rally [1]

生命を吹き込む、元気づける、大胆にする、励ます、興味津々にさせる、熱心に勧める、鼓舞する、そそのかす、ひらめきを与える、奮い立たせる、自信を取り戻させる、発奮させる、刺激する、丈夫にする

消し去る　Efface [1]

キャンセルする、破壊する、根絶する、切除する、拭い去る、根こそぎにする、撃破する、壊滅させる

削る　Chip

へこませる、引っかき傷をつける、切り込みを入れる

ヒント 木材を削った時にできる屑も「Chip（チップ）」。じゃがいもを薄く削って揚げればポテトチップスだ。相手を削ることによって得るものに注目してもいいかもしれない。

気高くする　Ennoble

大きくする、高貴にする、向上させる、権限をもたせる、高揚させる、美化する、尊ぶ

けちょんけちょんにする　Pulverise

打ち負かす、折る、打撲傷を負わせる、こなごなにする、取り壊す、ミンチにする、何度も殴る、粉砕する、叩き壊す、脱穀する

結合させる［複］　Conjoin

呼び集める、一丸にする、団結させる

結婚する　Marry

取り入れる、合流する、娶る

蹴飛ばす　Boot

外に出す、蹴る

けなす　Decry

虐待する、見くびる、黒く塗る、責める、爆破する、問責する、罪や落ち度があることを示す、批判する、告発する、信用を落とす、軽んじる、気を滅入らせる

111

あ
か
さ
た
な
は
ま
や
ら
わ

懸念させる　　　Concern

悩ませる、平静を失わせる、苦悩させる、乱す、かき乱
す、迷惑をかける、心配させる

煙に巻く　　　Mystify

びっくりさせる、驚愕させる、まごつかせる、うまいこ
とを言って惑わせる、冷静さを失わせる、途方に暮れさ
せる、面食らわせる、混乱させる、魔法をかける、あわ
てさせる、当惑させる、思案させる、切り倒す

蹴る　　　Kick

蹴飛ばす

下劣にする　　　Deprave

虐待する、堕落させる、評価を落とす、たらしこむ、体
面を傷つける、士気を下げる、邪道に導く

検閲する　　　Censor [2]

修正する、消毒する

嫌悪感を感じさせる　　　Repulse

むかつかせる、吐き気を催させる、いやな気分にさせる、
追い払う、気持ちを悪くさせる

元気づける　　　Cheer [1]

楽しませる、生命を吹き込む、拍手喝采する、ブースト
する、明るくする、慰める、安らぎを与える、歓喜させ
る、鼻高々にさせる、気持ちを高める、大胆にする、励
ます、気合いを入れる、景気をつける、エキサイトさせ
る、燃え立たせる、強化する、嬉しがらせる、鼓舞する、
ひらめきを与える、奮い立たせる、生気を与える、陽気
にさせる、晴れやかにする、気に入る、激励する、自信
を取り戻させる、リフレッシュさせる、復活させる、発
奮させる、刺激する、かきまわす、丈夫にする、持続さ
せる、くすぐる、高く揚げる、生命力を与える、温める

研究する　　　Study

分析する、コンピューターで算出する、解剖する、検討
する、観察する、熟読する、追い求める、読む、徹底的
に調べる

権限をもたせる　　　　　　　　Entitle

根拠を与える、代表者として送り出す、力を与える、可能にさせる、推奨する、気高くする、ライセンスを与える、許可する、権利を与える、認可する、保証する

検査する　　　　　　　　　　　Inspect

服の上から身体検査する、捜査する、徹底的に調べる、捜索する

現実を直視させる　　　　　　Disenchant

幻滅させる、ひねくれさせる

検出する　　　　　　　　　　　Detect

キャッチする、発見する、暴露する、仮面をはぐ

減少させる　　　　　　　　　Diminish

感覚を失わせる、衰弱させる、枯渇させる、活力を奪う、水を抜く、弱らせる、使い果たす、疲労させる、貧乏にする、小さくする、下げる、縮小する、樹液を絞り取る、値打ちを下げる、弱体化させる、減退させる

減退させる　　　　　　　　　　Weaken

混ぜ物をする、折る、機能を損なわせる、ダメージを与える、感覚を失わせる、劣化させる、衰弱させる、土気を下げる、枯渇させる、落ち込ませる、奪う、安売りする、活力を奪う、薄める、減少させる、障がいを与える、武器を奪う、骨抜きにする、気力を弱める、弱らせる、使い果たす、疲労させる、傷つける、悪くする、貧乏にする、能力を奪う、けがをさせる、間違っていることを示す、小さくする、穏やかにさせる、部分修正する、縮小する、制限する、樹液を絞り取る、飢えさせる、飽きさせる、迷惑をかける、値打ちを下げる、弱体化させる、蝶番をはずす、自信をなくさせる、痛手を負わせる

検討する　　　　　　　　　　　Examine

分析する、コンピューターで算出する、熟考する、熟慮する、解剖する、見積もる、測定する、熟読する、読む、スキャンする、徹底的に調べる、研究する、試す、比較検討する

限度を設ける　Limit

カテゴリーに当てはめる、監禁する、かすがいで留める、一線を画する、阻止する、不利な立場に立たせる、生け垣で囲む、制限する

幻滅させる　Disillusion

疎遠にする、不満を抱かせる、現実を直視させる、みじめにさせる、ひねくれさせる

権利を与える　Qualify

根拠を与える、免許を与える、可能にさせる、権限をもたせる、ライセンスを与える、許可する

権利を主張する　Claim

私物化する、所有する

幻惑させる　Dazzle

びっくりさせる、驚愕させる、判断力を失わせる、心を奪う、ぼーっとさせる、心を捉える、たまげさせる、催眠術をかける、感心させる、耐え切れなくさせる、圧倒する、神経を鈍らせる

恋人を振る　Jilt

放棄する、裏切る、捨てる、すっぽかす、やめにする、見放す、去る、拒絶する、断念する

乞う　Beg

歎願する、切望する、泣きつく、しつこくねだる、受け流す、勧誘する

降格させる　Demote

体面を傷つける、退ける、安売りする、格下げする、控えめにさせる、罰する、屈服させる、恥ずかしい思いをさせる

高貴にする　Dignify

大きくする、よりよいものにする、冠を載せる、向上させる、気高くする、高揚させる、美化する、優雅にする、尊ぶ、騎士の爵位を授ける、敬愛する、清らかなものにする、敬意を示す

攻撃する　　　　　　　　　　　　Attack

虐待する、声をかける、攻め立てる、襲う、戦闘する、がみがみ言う、爆破する、爆撃する、拳で殴る、問責する、挑む、体当たりする、対抗する、批判する、告発する、悪く言う、戦う、鷹のように獲物を襲う、つっかかる、裁判所に訴えを出す、寄生する、侵略する、こきおろす、襲いかかる、悪口を言う、袋だたきにする、強盗する、迫害する、不意に襲撃する、激突する、ひどい目にあわせる、中傷する、突入する、ぶつける、タックルする、そしる

恍惚とさせる　　　　　　　　　Enrapture

魅了する、言いなりにさせる、心を奪う、うっとりさせる、歓喜させる、夢中にさせる、魔法をかける、慕わせる、関心を引く、接待する、熱中させる、有頂天にさせる、心を捉える、催眠術をかける、我を忘れさせる、狂喜させる、呪縛する、スリルを感じさせる

向上させる　　　　　　　　　　Elevate [2]

開拓する、教化する、教育する、力を与える、啓発する、優雅にする、高さを上げる、改善する、知識を与える、教授する、助成する、磨きをかける、学校教育を受けさせる、教える

功績を称える　　　　　　　　　Commend

高く評価する、拍手喝采する、承認する、後押しする、味方になる、擁護する、賛辞を述べる、尊ぶ、賛美する、促進する、勧める、サポートする

構造を解体する　　　　　　　Deconstruct

分析する、分解する

拘束する　　　　　　　　　　　Shackle

縛り上げる、監禁する、動きを邪魔する、奴隷にする、足枷をはめる、留め置く、手錠をかける、手や足をねじり上げる、縛る、自由を奪う

光沢を損なう　　　　　　　　　Tarnish

黒く塗る、誹謗する、愚弄する、台なしにする

強奪する　Rob

ずるいことをする、詐欺行為をする、奪う、奪い取る、くすねる、金を巻き上げる、強盗する、ちょろまかす、略奪する、つまみ取る、ぶんどる、持ち去る、荒らしまわる、占拠して壊す、盗む、かたる

肯定する　Affirm

承認する、根拠を与える、主張する、後押しする、認定する、擁護する、確認する、推奨する、えこひいきする、批准する、勧める、認可する、サポートする

強盗する　Mug

襲う、攻撃する、強奪する

合法と認める　Legitimise

根拠を与える

公民権や参政権を与える　Enfranchise

法的資格を与える、放免する、苦労をなくす、束縛を解く、独立させる、自由にする、解き放つ、解除する、鎖をはずす、制限を取り払う、足枷をはずす

拷問する　Torture

虐待する、迫害する、罰する、厳しく罰する、苦しめる、迷惑をかける

高揚させる　Exalt

高く評価する、憧れる、へつらう、大きくする、列福する、ブーストする、賛辞を述べる、神格化する、高貴にする、向上させる、気高くする、美化する、歓呼して迎える、鼓舞する、高さを上げる、尊ぶ、偶像化する、持ち上げる、賛美する、促進する、引き上げる、会釈する、丈夫にする、張り出させる

合流する［複］　Join

同盟を結ぶ、織り込む、ヒューズを取り付ける、組み入れる、リンクさせる、結婚する、適合させる

声をかける　　　　　　　　　　　Accost

攻撃する、立ち向かう、つっかかる

ヒント「Accost」とは知らない人に近寄って話しかける動作で、言いがかりをつけるような挑発的な態度を含む。ドラマには葛藤、対立関係が必要だ。「声をかける」アクションは緊迫感を一気に引き上げる。

コーチする　　　　　　　　　　　Coach

文明化する、開拓する、開発する、規律に従わせる、叩きこむ、教化する、教育する、啓発する、親しませる、育てる、身なりを整える、ガイドする、改善する、教え込む、知識を与える、教授する、準備する、学校教育を受けさせる、教える、トレーニングする、家庭教師をする

凍らせる　　　　　　　　　　　　Freeze [1]

感覚を奪う、冷蔵する

凍りつかせる　　　　　　　　　　Freeze [2]

停止させる、動けなくする、不活性化する、麻痺させる、固まらせる、気絶させる

枯渇させる　　　　　　　　　　　Deplete

衰弱させる、奪う、活力を奪う、減少させる、水を抜く、中身を出してからっぽにする、弱らせる、使い果たす、疲労させる、悪くする、貧乏にする、縮小する、樹液を絞り取る、弱体化させる、減退させる

こきおろす　　　　　　　　　　　Knock [2]

虐待する、攻撃する、見くびる、がみがみ言う、問責する、批判する、門前払いする、中傷する

こき使う　　　　　　　　　　　　Mistreat

虐待する、残忍な仕打ちをする、ダメージを与える、害を及ぼす、傷つける、けがをさせる、冷遇する、乱暴に扱う、酷使する、痴漢行為をする

国外に追放する　　　　　　　　　Exile

流刑にする、ボイコットする、解散させる、立ち退かせる、没収する、外に出す、避難させる、村八分にする、失脚させる

酷使する　　　　　　　　　　　　Misuse

虐待する、私物化する、食いものにする、くすねる、冷遇する、こき使う、邪道に導く、使う

告訴する　　　　　　　　　　　　Accuse

法廷に呼び出す、責める、挑む、とがめる、法廷に呼び出す、誹謗する、告発する、軽んじる、暴露する、弾劾する、裁判所に訴えを出す、罪を負わせる、起訴する

告発する　　　　　　　　　　　Denounce

異端者として非難する、告訴する、法廷に呼び出す、攻撃する、がみがみ言う、酷評する、問責する、罪や落ち度があることを示す、批判する、けなす、誹謗する、軽んじる、悪く言う、弾劾する、裁判所に訴えを出す、罵倒する、そしる

酷評する　　　　　　　　　　　Castigate

がみがみ言う、爆破する、問責する、こらしめる、お灸をすえる、小言を言う、罪や落ち度があることを示す、批判する、告発する、おしおきする、ひっぱたいて何かをさせる、バッシングする、罰する、叱責する、槍玉にあげる、叱りつける、落ち度を指摘する、たしなめる、叱る、がんじがらめにする、お尻をひっぱたく、鞭打つ

克服する　　　　　　　　　　　Surmount

乗り越える

心地よい刺激を与える　　　　　　Titillate

高ぶらせる、引き寄せる、心を奪う、うっとりさせる、エキサイトさせる、触発する、誘惑する、刺激する、見せびらかしてじらす、スリルを感じさせる、くすぐる

小言を言う　　　　　　　　　　　Chide

恫喝する、いじめる、酷評する、お灸をすえる、批判する、呪う、嫌がらせをする、どなりつける、尻に敷く、威嚇する、訓戒する、つきまとう、門前払いする、叱責する、槍玉にあげる、叱りつける、落ち度を指摘する、たしなめる、叱る

心に抱く　　　　　　　　　Cherish

憧れる、へつらう、保全する、祭る（祀る）、永遠のものにする、養育する、かわいがる、重んじる、宝物にする、大事にする

心に触れる　　　　　　　　Touch [1]

感心させる、心を動かす

試みる　　　　　　　　　　Try

鑑定する、基準に当てはめて判断する

心を動かす　　　　　　　　Move [2]

作用する、影響を与える、心に触れる

心を奪う　　　　　　　　　Captivate

魅惑する、鷲掴みにする、引き寄せる、魅了する、言いなりにさせる、とりこにする、キャッチする、うっとりさせる、幻惑させる、歓喜させる、夢中にさせる、魔法をかける、慕わせる、関心を引く、注意を奪う、恍惚とさせる、熱中させる、有頂天にさせる、エキサイトさせる、心を捉える、執着させる、催眠術をかける、興味をそそる、我を忘れさせる、狂喜させる、じっと見つめる、急につかむ、呪縛する、心地よい刺激を与える、勝つ

心をつかむ　　　　　　　　Grip [1]

関心を引く、注意を奪う、記憶に留める、没頭させる、我を忘れさせる、急につかむ、呪縛する

心を捉える　　　　　　　　Fascinate

魅惑する、鷲掴みにする、引き寄せる、魅了する、言いなりにさせる、心を奪う、うっとりさせる、強制的にさせる、幻惑させる、歓喜させる、夢中にさせる、魔法をかける、関心を引く、注意を奪う、恍惚とさせる、熱中させる、気を引く、有頂天にさせる、記憶に留める、催眠術をかける、影響を与える、興味をもたせる、興味をそそる、我を忘れさせる、じっと見つめる、見せびらかしてじらす

心を乱す　Discompose

混乱させる、狼狽させる、気を悪くさせる、不満足にさせる、苦悩させる、恥をかかせる、どぎまぎさせる、かき乱す、恥ずかしい思いをさせる

ごしごし洗う　Scour

こする

誇示する　Proclaim

美化する、派手に描く、絶賛する、吹聴する

こする　Rub

表面を磨く、愛撫する、マッサージする、ごしごし洗う、撫でる

ヒント「Rub」はいたわりを感じさせる動詞だ。目をこする、焚き火の前で手をこすり合わせる、塗り薬やクリームを塗る行為も「Rub」。相手と軽く肌を触れ合わせたり、やさしく撫でたりする動きも含む。

子育てする　Parent

父親になる、母親になる

こだまする　Echo

人まねをする、複写する、鏡のように写す、おうむ返しする、反映する

骨折させる　Fracture

折る、ひびを入れる、ばらばらに裂く、割る

ごつんと打つ　Thump

ドンドンと叩く、棍棒で打つ、めった打ちにする、打ち負かす、金槌で打つ、叩く、グーで殴る、パンチを食らわせる、こつんと叩く、叩きつける、張り倒す、ぺちんと叩く、ぶつける、脱穀する、ばしっと叩く、さんざんに打ちのめす、ぶっ叩く

こつんと叩く　Rap

棍棒で打つ、はじく、叩く、強打する、ぴしゃりと打つ、お尻をぺんぺん叩く、ぶつける、ばしんと叩く、ごつんと打つ

固定概念に当てはめる　　　Pigeonhole

箱に入れる、束縛する、限度を設ける、陥れる

固定する　　　Fix[1]

添える、錨で留める、結び合わせる、接着する、鎖でつなぐ、釘で留める、押さえ込む、確保する、縛る、押し込む

こてんぱんに打ちのめす　　　Pan

批判する、悪く言う、笑いものにする、冷笑する

孤島に置き去りにする　　　Maroon

捨てる、孤立させる

断る　　　Refuse

締め出す、辞退する、否定する、除外する、拒絶する、追い払う、関与を否定する、そっけなくする

事を荒立てる　　　Exasperate

さらに悪化させる、むっとさせる、敵にまわす、立腹させる、激高させる、いらいらさせる、挑発する、うんざりさせる

こなごなにする　　　Crush

めった打ちにする、打ち負かす、折る、打撲傷を負わせる、論破する、征服する、くしゃくしゃにする、打倒する、取り壊す、士気を下げる、破壊する、王座から降ろす、気を滅入らせる、金槌で打つ、控えめにさせる、屈辱を与える、ずたずたにする、すりつぶす、圧迫する、牛耳る、耐え切れなくさせる、転覆させる、圧倒する、押し当てる、けちょんけちょんにする、制圧する、抑圧する、完敗させる、破滅させる、粉砕する、惨殺する、叩き壊す、ぎゅっと押しつぶす、抑える、押し殺す、虐げる、破る、さんざんに打ちのめす

拳で殴る　　　Box[1]

襲う、攻撃する、戦闘する、挑む、殴り倒す、平手打ちを食らわす、戦う、叩く、一発お見舞いする、ぶっ叩く

左端の縦タブ：あ／か／さ／た／な／は／ま／や／ら／わ

鼓舞する　　　　　　　　　　Hearten

生命を吹き込む、断言する、ブーストする、明るくする、元気づける、慰める、安らぎを与える、鼻高々にさせる、気持ちを高める、大胆にする、励ます、エネルギーを与える、気合いを入れる、景気をつける、高揚させる、エキサイトさせる、うきうきさせる、燃え立たせる、強化する、嬉しがらせる、真っ赤にする、ひらめきを与える、奮い立たせる、生気を与える、陽気にさせる、持ち上げる、晴れやかにする、図太くさせる、引き上げる、激励する、自信を取り戻させる、復興させる、復活させる、発奮させる、刺激する、かきまわす、丈夫にする、持続させる、高く揚げる、生命力を与える

ごまかす　　　　　　　　　　Fiddle

欺く、かたる

雇用する　　　　　　　　　　Employ

指名する、契約する、展開する、従事させる、協力を求める、注意を引く、募集する、抱える、使う、役立たせる

こらしめる　　　　　　　　　Chasten

酷評する、お灸をすえる、規律に従わせる、控えめにさせる

ごり押しする　　　　　　　Press²

煽る、強制的にさせる、強いる、軽く叩く、余儀なくさせる、扇動する、急がせる、押しやる、泣きつく、しつこくねだる、納得させる、プレッシャーをかける、圧力をかける、プッシュする、速める、急に動かす、強く勧める

孤立させる［複］　　　　　　Isolate

切り離す、つながりを断つ、孤島に置き去りにする、人種差別する、分ける

殺す　　　　　　　　　　　　Kill

撃滅させる、屠殺する、破壊する、除く、根絶する、処刑する、一掃する、リンチする、殺害する、犠牲にする、切り殺す、終わらせる、やっつける

怖がらせる　　　Scare

恐れを引き起こす、警報を伝える、ぎくりとさせる、身をすくませる、パニックに陥れる、呆然とさせる、はっとさせる、ぞっとさせる、テロの恐怖に陥れる

こわばらせる　　　Stiffen

大胆にする、強健にする、生気を与える、鋼で覆う

根拠を与える　　　Authorise

肯定する、承認する、後押しする、委託する、確認する、代表者として送り出す、力を与える、可能にさせる、推奨する、権限をもたせる、えこひいきする、合法と認める、ライセンスを与える、許可する、権利を与える、批准する、認可する、サポートする、保証する

根絶する　　　Eradicate

撤廃する、撃滅させる、流刑にする、キャンセルする、破壊する、消し去る、除く、切除する、拭い去る、一掃する、火を消す、根こそぎにする、殺す、撃破する、壊滅させる

コントロールする　　　Control

チェックする、司令塔として動く、指揮する、強いる、封じ込める、歯止めをかける、監督する、優位に立つ、独裁する、網羅する、設計する、統治する、管理する、操る、操作する、思いどおりに動かす、穏やかにさせる、命令する、組織する、憑いて何かをさせる、プログラムする、動かないようにする、見張り番をする、抑える

コンピューターで算出する　　　Compute

カテゴリーに当てはめる、検討する、読む、スキャンする、研究する

棍棒で打つ　　　Bat

ドンドンと叩く、叩く、パンチを食らわせる、こつんと叩く、張り倒す、ぺちんと叩く、ぶつける、ぱしんと叩く、ごつんと打つ、さんざんに打ちのめす

棍棒で殴る　　　Cudgel

打つ、棒で殴って従わせる、叩く、強打する

あ
か
さ
た
な
は
ま
や
ら
わ

123

あ
か
さ
た
な
は
ま
や
ら
わ

婚約させる　　　　　　　　　　Betroth

結び合わせる、責任をもつ、従事させる

混乱させる　　　　　　　　　　Confuse

どんよりさせる、煽る、まごつかせる、うまいことを言って惑わせる、悪魔憑きにさせる、冷静さを失わせる、物思いにふけらせる、途方に暮れさせる、ぼやけさせる、面食らわせる、ぼーっとさせる、心を乱す、狼狽させる、方向感覚を失わせる、乱す、めまいを起こさせる、絡めとる、あわてさせる、ぽかんとさせる、どぎまぎさせる、酩酊させる、支離滅裂にさせる、ぼんやりさせる、煙に巻く、当惑させる、かき乱す、思案させる、切り倒す、迷惑をかける、蝶番をはずす、自信をなくさせる、不安にさせる

再建する　Rebuild
組み立て直す、再構築する、復元する

再構築する　Reconstruct
組み立て直す、再建する、奪い返す、水につけて戻す、改心させる、取り戻す、リハビリをする、新しくする、復元する、革命的に変化させる、救済する

再調整する　Recondition
修理する、復元する

採点する　Rate
等級を定める、分類する、測定する、格付けする、ランクをつける、値をつける

苛む　Afflict
作用する、悪魔憑きにさせる、悩ませる、呪う、苦悩させる、傷つける、痴漢行為をする、圧迫する、迫害する、罰する、迷惑をかける

再燃させる　Rekindle
輝かせる、復活させる

裁判所に訴えを出す　Indict
告訴する、法廷に呼び出す、攻撃する、法律で禁じる、責める、とがめる、告発する、弾劾する、差し止める、起訴する

催眠術をかける　Hypnotise
魅了する、言いなりにさせる、心を奪う、うっとりさせる、幻惑させる、関心を引く、恍惚とさせる、熱中させる、有頂天にさせる、心を捉える、引き付ける、我を忘れさせる、じっと見つめる、呪縛する、立ちすくませる

逆らう　Defy
打ち負かす、しのぐ、挑む、立ち向かう、こなごなにする、そむく、挑発する、拒絶する、冷笑する、食い止める

125

あ
か
さ
た
な
は
ま
や
ら
わ

詐欺行為をする   Defraud

うまいことを言って惑わせる、魅了する、はったりをかける、ずるいことをする、ぺてんにかける、欺く、思い込ませる、もてあそぶ、カモにする、金を巻き上げる、だます、一杯食わせる、強奪する、かたる、トリックを仕掛ける

先に立つ   Precede

ガイドする、リードする

先へ進ませる   Further

教唆する、提唱する、補助する、手を貸す、ブーストする、擁護する、励ます、転送する、手伝う、パトロンになる、促進する、プッシュする、拍車をかける、丈夫にする、救援する、サポートする、突き出す、アップグレードする

先んずる   Forestall

まごつかせる、ブロックする、すり抜ける、フラストレーションを与える、妨げる、受け流す、止める、切り倒す、食い止める

探る   Probe

反対尋問する、解剖する、尋問する、捜査する、貫通させる、突く、棒でつつく、かまをかける、尋ねる、質問する、徹底的に調べる、捜索する、試す

避ける   Avoid

しぼませる、度外視する、かわす、すり抜ける、脱出する、ずるい手段を使って逃れる、ネグレクトする、村八分にする、受け流す、義務を押しつける、疎外する、はぐらかす

下げる   Lower

安っぽくする、劣化させる、減少させる、格下げする、目立たないようにふるまう、控えめにさせる、小さくする、縮小する、従属させる

支える　Hold [2]

持ち運ぶ、留め金で留める、しっかり握る、はぐくむ、やさしく寄り添う、手で受ける、抱き合う、網羅する、くるむ、飲み込む、包む、包み込む、握りしめる、ハグする、肩代わりする、包含する、サポートする

指図する　Bid

手招きする、司令塔として動く

刺し貫く　Impale

処刑する、ナイフで刺す、槍で突く、突き刺す、ちくりと刺す、パンクさせる、串刺しにする、犬釘を打ちつける、ぐさりと刺す

差し止める　Prohibit

法律で禁じる、封鎖する、ブロックする、ボイコットする、検閲する、締め出す、抑止する、無効にする、失格させる、やめさせる、除外する、禁じる、裁判所に訴えを出す、させないようにする、遮断する、打ち消す、妨害する、村八分にする、非合法化する、動かないようにする、制限する、止める

授ける　Bestow

賞を与える

挫折させる　Foil [2]

打倒する、無にする、止める、切り倒す

させないようにする　Inhibit

ブロックする、強いる、かすがいで留める、歯止めをかける、待たせる、やめさせる、禁じる、フラストレーションを与える、妨害する、差し止める、動かないようにする、止める

誘い出して捕まえる　Snare

捕獲する、キャッチする、紛糾させる、網にからませて捕らえる、罠にかける、絡めとる、はめる、釣る、巻き込む、急につかむ、自由を奪う、陥れる

あ
か
さ
た
な
は
ま
や
ら
わ

あ	
か	
さ	

殺害する　　　　　　　　　　　　　Murder

撃滅させる、破壊する、除く、処刑する、殺す、リンチ
する、惨殺する、切り殺す、終わらせる

さっぱりさせる　　　　　　　　　　Freshen

景気をつける、電気ショックを与える、生気を与える、
リフレッシュさせる、復元する、復興させる、復活させ
る、発奮させる、刺激する、おめかしさせる、高く揚げる

査定する　　　　　　　　　　　　　Assess

分析する、鑑定する、オーディションで審査する、計算
する、批判する、見積もる、評価する、測定する、基準
に当てはめて判断する、寸法を測る、試す、値をつける

裁く　　　　　　　　　　　　　　　Judge [2]

判決を下す、調停に持ち込む、査定する、レフェリー（審
判）をする、試みる、アンパイア（審判）をする

サポートする　　　　　　　　　　Support [2]

教唆する、肯定する、補助する、手を貸す、根拠を与え
る、主張する、後押しする、担う、味方になる、活を入
れる、ブーストする、つっかえ棒をする、持ち運ぶ、擁
護する、功績を称える、大目に見る、裏づける、弁護す
る、励ます、推奨する、我慢する、取り入れる、えこひ
いきする、強化する、育てる、転送する、先へ進ませる、
手伝う、養分を与える、看病する、助成する、パトロン
になる、保護する、促進する、批准する、勧める、テコ
入れする、守る、認可する、支持する、安全にする、ス
ポンサーとして後援する、拍車をかける、安定させる、
しっかりと押さえる、丈夫にする、救援する、持続させ
る、アップグレードする、守り助ける、弁明する、保証
する

冷ます　　　　　　　　　　　　　　Cool

ひんやりさせる、リフレッシュさせる、しらふにさせる

128

妨げる　　　　　　　　　　　　　Hinder

むっとさせる、封鎖する、ブロックする、重荷を負わせ
る、チェックする、詰まらせる、かすがいで留める、機
能を損なわせる、歯止めをかける、締め出す、遅らせる、
抑止する、待たせる、障がいを与える、やめさせる、動
きを邪魔する、先んずる、フラストレーションを与える、
猿ぐつわをかませる、阻止する、不利な立場に立たせる、
悪くする、進行を遅らせる、不便をかける、台なしにす
る、妨害する、圧迫する、過剰な負担をかける、動かな
いようにする、制限する、手間取らせる、背負わせる、
食い止める、自由を奪う、翼を傷つける

寒がらせる　　　　　　　　　　　　Chill

冷ます、落ち込ませる、やめさせる、落胆させる、感覚
を奪う

作用する　　　　　　　　　　　　Affect

苛む、改ざんする、変える、乱す、影響を与える、興味
をもたせる、改良する、動かす、かきまわす、惑わす

さらう　　　　　　　　　　　　　Abduct

捕獲する、はめる、誘拐する、引き抜く、急につかむ、
ひったくる

さらに悪化させる　　　　　　　　Aggravate

むっとさせる、敵にまわす、餌を仕掛ける、悪魔憑きに
させる、悩ませる、みじめにさせる、激怒させる、深刻
にする、事を荒立てる、波立たせる、フラストレーショ
ンを与える、嫌がらせをする、わずらわせる、どなりつ
ける、傷つける、悪くする、真っ赤にする、飽き飽きさ
せる、いらいらさせる、冷遇する、密告する、いびる、
神経を逆なでする、駄々をこねる、挑発する、いたたま
れなくする、機嫌をそこねる、もったいぶる、苦しめる、
じらす

去る　　　　　　　　　　　　　　Leave

放棄する、捨てる、処分する、やめにする、逃走する、
見放す、恋人を振る、断念する、断つ

あ	

猿ぐつわをかませる　　　　　Gag

ブロックする、息苦しくさせる、歯止めをかける、妨げる、マフラーで覆う、音を弱める、口止めする、静かにさせる、抑圧する、動かないようにする、沈黙させる、もみ消す、押し殺す、のどを絞める

触る　　　　　　　　　　　Touch [2]

ブラシをかける、愛撫する、軽く叩く、感触を求める、はじく、ジャブを打つ、キスする、手技を施す、マッサージする、養育する、みだらな手つきで触る、ぽんと叩く、挨拶のキスをする、かきまわす、撫でる、タップする

惨殺する　　　　　　　　Slaughter

撃滅させる、屠殺する、こなごなにする、破壊する、一掃する、皆殺しにする、殺害する

さんざんに打ちのめす　　　Wallop

棍棒で打つ、めった打ちにする、打ち負かす、ベルトで打つ、殴り倒す、こなごなにする、ひっぱたいて何かをさせる、金槌で打つ、叩く、強打する、ものを投げつける、何度も殴る、グーで殴る、パンチを食らわせる、ぴしゃりと打つ、張り倒す、打ちのめす、一発お見舞いする、お尻をぺんぺん叩く、ぶつける、ごつんと打つ、ぶっ叩く

賛辞を述べる　　　　　Compliment

ブーストする、功績を称える、お祝いの言葉を述べる、高揚させる、絶賛する、祝賀する、いい気にさせる、挨拶する、尊ぶ、絶賛する、褒めちぎる、賛美する

残忍な仕打ちをする　　　Brutalise

虐待する、いじめる、ブルドーザーで押しつぶす、威嚇する、こき使う、圧力をかける

賛美する　　　　　　　　　Praise

高く評価する、称える、拍手喝采する、祝福する、功績を称える、賛辞を述べる、お祝いの言葉を述べる、派手に描く、高揚させる、絶賛する、美化する、歓呼して迎える、崇める、尊ぶ、偶像化する、褒めちぎる、見返りを与える、会釈する、感謝する、祝して乾杯する、吹聴する

仕上げをする　Finish [1]

完成させる

幸せにする　Gratify

楽しませる、充足させる、歓喜させる、えこひいきする、嬉しがらせる、調子を合わせる、気ままにさせる、気に入る、快楽を与える、満足させる

思案させる　Puzzle

まごつかせる、うまいことを言って惑わせる、冷静さを失わせる、途方に暮れさせる、面食らわせる、混乱させる、ぼーっとさせる、発狂させる、気を散らす、唖然とさせる、理解できないことをする、あわてさせる、卒倒させる、ぽかんとさせる、裏をかく、煙に巻く、当惑させる、切り倒す

虐げる　Tyrannise

いじめる、こなごなにする、優位に立つ、独裁する、威嚇する、圧迫する、迫害する、抑圧する、支配する、押し殺す

シートベルトやボタンをはずす　Unfasten

解除する、安心させる、ゆるめる、ほどく

ヒント「Unfasten」は締まっているものをゆるめる動作。俳優の演技は感情表現やセリフだけでなく、こうした単純な動作もしっかり遂行することが重要だ。本番でまごつかないよう何度も練習しておこう。この動詞は感情グループで「愛する」ワードに入っている。「相手が自由に動ける状態にする」「衣服を脱がせる」といった方向に発想を広げてみよう。

強いる　Constrain [1]

強制的にさせる、歯止めをかける、施行する

叱りつける　Reprimand

戒める、がみがみ言う、酷評する、問責する、小言を言う、訂正する、バッシングする、訓戒する、門前払いする、叱責する、落ち度を指摘する、叱る

あ
か
さ
た
な
は
ま
や
ら
わ

叱る　　　　　　　　　　　　　　　　　Scold

がみがみ言う、恫喝する、酷評する、問責する、お灸を
すえる、小言を言う、批判する、どなりつける、尻に敷
く、バッシングする、訓戒する、つきまとう、叱責する、
叱りつける、落ち度を指摘する、たしなめる

指揮する　　　　　　　　　　　　　　Conduct

コントロールする、監督する、統治する、ガイドする、
リードする、管理する、操作する、支配する、見張り番
をする

士気を下げる　　　　　　　　　　　Demoralise

折る、堕落させる、機能を損なわせる、こなごなにする、
たらしこむ、意気消沈させる、下劣にする、落ち込ませ
る、活力を奪う、やめさせる、落胆させる、気落ちさせ
る、気を滅入らせる、気力を弱める、悪くする、樹液を
絞り取る、弱体化させる、減退させる

刺激する　　　　　　　　　　　　　Stimulate

加速させる、活性化する、煽る、びっくりさせる、生命
を吹き込む、高ぶらせる、驚愕させる、目を覚まさせる、
ブーストする、明るくする、元気づける、駆動する、衝
撃を与える、大胆にする、励ます、エネルギーを与える、
景気をつける、エキサイトさせる、うきうきさせる、た
きつける、燃え立たせる、さっぱりさせる、電気ショッ
クを与える、発生させる、扇動する、鼓舞する、熱くさ
せる、情熱を与える、押しやる、そそのかす、真っ赤に
する、ひらめきを与える、奮い立たせる、火付け役とな
る、生気を与える、急に揺すぶる、モチベーション（動
機）を与える、動かす、図太くさせる、せっつく、促す、
前へ押し出す、触発する、速める、激励する、自信を取
り戻させる、リフレッシュさせる、生まれ変わらせる、
発奮させる、ショックを与える、スパークさせる、拍車
をかける、はっとさせる、かきまわす、かき立てる、ス
リルを感じさせる、くすぐる、心地よい刺激を与える、
強く勧める、生命力を与える、覚醒させる

施行する　　　　　　　　　　　　　　Enforce

強制的にさせる、強いる、義務を負わせる、圧力をかけ
る、起訴する、強く勧める

資産を与える　　　　　　　　　　Endow

賞を与える、裕福にする、えこひいきする、家具を設置する

ヒント「資産」とあるが、才能や資質など形のないものも含まれる。五感で想像したものを演技に与えることもそうだ。『"役を生きる" 演技レッスン』（ウタ・ハーゲン著、フィルムアート社）の「エンダウメント」の章を参考にしてほしい。

支持する　　　　　　　　　　　　Second

教唆する、手を貸す、後押しする、擁護する、サポートする

指示する　　　　　　　　　　　　Designate

指名する、選択する、選出する、ノミネートする、選ぶ、選定する

自信を取り戻させる　　　　　　　Reassure

断言する、活を入れる、元気づける、慰める、安らぎを与える、大胆にする、励ます、強化する、鼓舞する、奮い立たせる、生気を与える、図太くさせる、激励する、居場所を与える、刺激する、丈夫にする、持続させる

自信をなくさせる　　　　　　　　Unnerve

煽る、警報を伝える、面食らわせる、混乱させる、衰弱させる、武器を奪う、狼狽させる、苦悩させる、弱らせる、どぎまぎさせる、能力を奪う、パニックに陥れる、麻痺させる、かき乱す、震えさせる、飽きさせる、迷惑をかける、弱体化させる、不安にさせる、ぐらぐらさせる、気を動転させる、減退させる

静かにさせる　　　　　　　　　　Quieten

やわらげる、苦痛を軽減する、なだめる、緩和する、落ち着かせる、慰める、歯止めをかける、感覚を失わせる、打ち明ける、くすませる、ゆるませる、猿ぐつわをかませる、黙らせる、寝かしつける、とりなす、マフラーで覆う、口止めする、あやす、鎮圧する、リラックスさせる、居場所を与える、沈黙させる、なごませる、もみ消す、おとなしくさせる、押し殺す、沈静する

鎮める — Placate

やわらげる、なだめる、緩和する、落ち着かせる、敵意を取り除く、充足させる、気ままにさせる、とりなす、あやす、気に入る、懐柔する、和解させる、満足させる、なごませる

沈める — Sink

溺れさせる、水没させる

事前に教える — Prime

武装させる、簡潔な状況説明をする、身なりを整える、準備する、習熟させる

持続させる — Sustain

手を貸す、増大させる、後押しする、担う、活を入れる、元気づける、慰める、大胆にする、励ます、推奨する、食べ物を与える、強化する、育てる、油を注ぐ、鼓舞する、生気を与える、養分を与える、養育する、自信を取り戻させる、勧める、丈夫にする、救援する、サポートする、乳離れさせる

辞退する — Decline

否定する、断る

次第に薄れさせる — Dissolve

腐食する、砕く、武器を奪う、蝕む、溶かす

従う — Obey

順守する、義務づける、仕える

支度をする — Dress

盛装させる、衣服を与える、身なりを整える

親しませる — Familiarise

習慣づける、わからせる、コーチする、慣れさせる、教授する、学校教育を受けさせる、習熟させる、トレーニングする

慕わせる Endear

引き寄せる、とりこにする、心を奪う、うっとりさせる、夢中にさせる、魔法をかける、関心を引く、恍惚とさせる、熱中させる、有頂天にさせる

失格させる Disqualify

法律で禁じる、除外する、差し止める

しっかり締める Tighten

締めつける、動かないようにする

しっかりと押さえる Steady

バランスをとる、地に足をつけさせる、レベルを同じにする、根付かせる、安全にする、しらふにさせる、安定させる、サポートする

しっかり握る Clutch

捕獲する、留め金で留める、抱き合う、つかみ取る、把握する、握りしめる、支える、引き抜く、急につかむ、ひったくる

失脚させる Oust

流刑にする、退ける、処分する、放免する、払い落とす、解散させる、没収する、外に出す、避難させる、国外に追放する、除名する、クビにする、解雇する

しつける Rear

開拓する、開発する、父親になる、育てる、養育する、養う

しつこく責める Hound

せがむ、餌を仕掛ける、包囲攻撃する、爆撃する、いじめる、扇動する、嫌がらせをする、うるさく催促する、わずらわせる、狩る、つきまとう、迫害する、駄々をこねる、追い求める、じらす

ヒント「Hound（ハウンド）」は猟犬。獲物を追いつめて取り囲み、牙をむく姿を想像して動いてみよう。目線や表情、全身の姿勢から足さばきに至るまで、すべてが変化するだろう。

135

あ	
か	

しつこくねだる — Importune

乞う、切望する、ごり押しする、勧誘する

叱責する — Rebuke

虐待する、戒める、がみがみ言う、酷評する、問責する、お灸をすえる、小言を言う、拒否する、バッシングする、槍玉にあげる、叱りつける、落ち度を指摘する、たしなめる、叱る

じっと見つめる — Rivet

引き寄せる、心を奪う、注意を奪う、熱中させる、心を捉える、催眠術をかける、興味をそそる、引き付ける

質問する — Question

問いただす、挑む、異議を唱える、反対尋問する、問い詰める、尋問する、インタビューする、捜査する、探る、かまをかける、尋ねる、クイズを出す

質問攻めにする — Heckle

せがむ、餌を仕掛ける、中断させる、嫌がらせをする、どなりつける、やじる、愚弄する、駄々をこねる、ばかにする、なじる

指定する — Assign

指名する、根拠を与える、引き渡す、代表者として送り出す、ノミネートする

しのぐ — Better[1]

打ち負かす、打倒する、勝る、抜け駆けする、凌駕する、上回る、追い抜く

支配する — Rule

司令塔として動く、指揮する、征服する、監督する、優位に立つ、独裁する、統治する、ガイドする、思いどおりに動かす、取り締まる、意のままに操る、虐げる

支払う — Pay

報いる、報酬を与える、見返りを与える

縛り上げる　　　　　　　　　　Bind [1]

鎖でつなぐ、監禁する、束縛する、動きを邪魔する、奴
隷にする、足枷をはめる、固定する、留め置く、手や足
をねじり上げる、意のままに操る、くびきをかける

縛り合わせる　　　　　　　　　Lash [2]

確保する、がんじがらめにする、縛る

縛る　　　　　　　　　　　　　Tie

結び合わせる、鎖でつなぐ、束縛する、動きを邪魔する、
織り込む、足枷をはめる、固定する、阻止する、縛り合
わせる、閉じ込める、手や足をねじり上げる、動かない
ようにする、制限する、確保する、拘束する、がんじが
らめにする

私物化する　　　　　　　　　Appropriate

養子にする、権利を主張する、征服する、むさぼり食う、
くすねる、独り占めする、酷使する、所有する、ぶんど
る、持ち去る、回収する、強制的に動員する、盗む

しぼませる　　　　　　　　　　Deflect

そむける、避ける、思いとどまらせる、横取りする、誤っ
た指導をする、妨害する、門前払いする、向け直す、追
い払う、止める

搾り取る　　　　　　　　　　　Wring

ねじる、もぎ取る

しみ込ませる　　　　　　　　　Infuse

水浸しにする、染める、飽和状態にする、ふやかす、いっ
ぱいにする

しみをつける　　　　　　　　　Stain

塗りたくる、黒く塗る、汚す、美観を汚す、汚れをつけ
る、反則を犯す、汚染する、塗りつける、貶める、手を
染めさせる

指名する Appoint

指定する、根拠を与える、委託する、代表者として送り出す、指示する、選出する、雇用する、従事させる、協力を求める、入学させる、ノミネートする、叙任する、選ぶ、選定する

絞め殺す Strangle

息苦しくさせる、火を消す、マフラーで覆う、抑圧する、もみ消す、息もつけないようにする、窒息させる、押し殺す、のどを絞める

締め出す Debar

法律で禁じる、無効にする、除外する、禁じる、妨げる、妨害する、差し止める、断る

締めつける Constrict

鎖でつなぐ、息苦しくさせる、監禁する、束縛する、歯止めをかける、動きを邪魔する、足枷をはめる、阻止する、制限する、しっかり締める、自由を奪う

弱体化させる Undermine

品位を落とす、衰弱させる、士気を下げる、枯渇させる、活力を奪う、障がいを与える、減少させる、弱らせる、震撼させる、破壊工作をおこなう、樹液を絞り取る、脅かす、蝶番をはずす、減退させる、ふらつかせる、値打ちを下げる、自信をなくさせる

癪に障ることをする Peeve

むっとさせる、飽き飽きさせる、いらいらさせる

釈放する Acquit

無罪を言い渡す、疑いを晴らす、開放的な気分にさせる、放免する、苦労をなくす、免除する、容疑を晴らす、勘弁する、許す、解き放つ、恩赦する、解除する、弁明する

遮断する Interdict

法律で禁じる、流刑にする、封鎖する、ブロックする、禁じる、進行を遅らせる、差し止める、制限する、止める

邪道に導く　　Pervert

虐待する、曲げる、ねじ曲げる、堕落させる、評価を落とす、たらしこむ、変形させる、体面を傷つける、人間性を奪う、下劣にする、発狂させる、粗末に扱う、逸脱させる、ゆがめる、わざと判断を誤らせる、酷使する、部分修正する、変容させる、逆転させる、ねじる、歪曲する

ジャブを打つ　　Jab

ドンとぶつける、突き立てる、肘で押す、はじく、強打する、肘で軽く突いて注意を促す、突く、棒でつつく、パンチを食らわせる、触る

ヒント「ジャブ」はボクシングで相手の顔やボディを連続してこまかく打つこと。本格的なパンチをくり出すのはその後だ。セリフの応酬が続く場面をボクシングにたとえてみても面白い。

周囲に境界線を引く　　Circumscribe

周囲を回る、覆いをかける、輪で囲む、囲い込む、網羅する、くるむ、包む、生け垣で囲む、囲いの中に入れる、取り囲む、巻きつける

周囲を回る　　Circle

周囲に境界線を引く、輪で囲む、囲い込む、網羅する、くるむ、包む、取り囲む

習慣づける　　Accustom

わからせる、調子を整える、親しませる、慣れさせる、習熟させる

集合させる［複］　　Congregate

招集する、呼び集める

従事させる　　Engage [2]

指名する、結び合わせる、委託する、責任をもつ、契約する、雇用する、協力を求める、入学させる、義務を負わせる、注意を引く、募集する、抱える、役立たせる

収拾する　　Compose

整える、落ち着かせる、調和させる、居場所を与える、しらふにさせる、なごませる

習熟させる　Season

慣らす、習慣づける、親しませる、慣れさせる、事前に
教える、加減する

重傷を負わせる　Maim

機能を損なわせる、ダメージを与える、障がいを与える、
悪くする、ずたずたにする、台なしにする、痛手を負わ
せる

修正する　Emend

適応させる、改める、検閲する、訂正する、改善する、
練磨する

修繕する　Mend

改める、よりよいものにする、治す、直す、癒す、組み
立て直す、生まれ変わらせる、矯正する、修理する、復元
する、手当てをする

充足させる　Content

なだめる、ゆるませる、嬉しがらせる、幸せにする、調
子を合わせる、とりなす、鎮める、気に入る、和解させる、
満足させる

従属させる　Subordinate

安売りする、小さくする、下げる、縮小する

執着させる　Fixate

心を奪う、注意を奪う、我を忘れさせる

充電する　Charge[1]

油を注ぐ、復活させる

自由にする　Free

片付ける、放免する、開放的な気分にさせる、苦労をな
くす、撤退する、もつれを解く、束縛を解く、独立させ
る、公民権や参政権を与える、解き放つ、恩赦する、身
請けする、安心させる、解除する、救助する、荷を下ろ
す、鎖をはずす、ゆるめる、制限を取り払う、つないだ
紐を放す、足枷をはずす、ほどく

就任させる　Induct

手ほどきをする

修理する　Repair

直す、癒す、修繕する、分解検査する、組み立て直す、再調整する、改心させる、復元する

自由を奪う　Trammel

重荷を負わせる、監禁する、束縛する、締めつける、かすがいで留める、歯止めをかける、動きを邪魔する、網にからませて捕らえる、罠にかける、絡めとる、足枷をはめる、阻止する、不利な立場に立たせる、妨げる、進行を遅らせる、巻き込む、不便をかける、妨害する、圧迫する、過剰な負担をかける、動かないようにする、制限する、手間取らせる、背負わせる、拘束する、誘い出して捕まえる、陥れる

樹液を絞り取る　Sap

包囲攻撃する、衰弱させる、士気を下げる、枯渇させる、活力を奪う、薄める、減少させる、障がいを与える、水を抜く、気力を弱める、弱らせる、使い果たす、疲労させる、悪くする、貧乏にする、能力を奪う、へとへとにする、麻痺させる、縮小する、飽きさせる、弱体化させる、蝶番をはずす、減退させる

手技を施す　Manipulate [2]

撫でまわす、マッサージする、引っかき傷をつける、触る

祝賀する　Felicitate

賛辞を述べる、お祝いの言葉を述べる

祝して乾杯する　Toast

美化する、尊ぶ、賛美する、吹聴する、温める

縮小する　Reduce [2]

小さくする、下げる

熟読する　Peruse

検討する、研究する

あ
か
さ
た
な
は
ま
や
ら
わ

祝福する　　　　　　　　　　　　　**Bless**

聖職者に任命する、神聖なものとする、美化する、崇め
る、賛美する、清らかなものにする、感謝する

熟慮する　　　　　　　　　　　**Contemplate**

熟考する、評価する、検討する、測定する、寸法を測る、
比較検討する

手中に収める　　　　　　　　　　　　**Attain**

入手する、調達する、手を伸ばす、確保する、勝つ

主張する　　　　　　　　　　　　　　**Aver**

肯定する、後押しする、えこひいきする、勧める、サポー
トする

熟考する　　　　　　　　　　　　**Consider**

分析する、意味をつかむ、熟慮する、評価する、検討す
る、測定する、基準に当てはめて判断する、寸法を測る、
比較検討する

出頭を命じる　　　　　　　　　　　**Summon**

手招きする、呼ぶ、呪文を唱えて召喚する、喚起する、
よみがえらせる、思い起こさせる

呪縛する　　　　　　　　　　　　**Spellbind**

魅了する、言いなりにさせる、心を奪う、うっとりさせる、
歓喜させる、夢中にさせる、魔法をかける、注意を奪う、
恍惚とさせる、熱中させる、有頂天にさせる、心をつかむ、
催眠術をかける、我を忘れさせる、立ちすくませる

呪文を唱えて召喚する　　　　　　　**Conjure**

注視する、切望する、喚起する、思い起こさせる、よみ
がえらせる、出頭を命じる

順守する　　　　　　　　　　　　　　**Abide**

負担する、我慢する、従う、腹に収める、辛抱する、耐
える

順応させる　　　　　　　　　　　　Adapt

慣らす、対応する、改ざんする、改める、変える、変換
する、編集する、修正する、準備する、改装する、形作
る、誂える

準備する　　　　　　　　　　　　　Prepare

適応させる、武装させる、簡潔な状況説明をする、コー
チする、備え付ける、身なりを整える、用心させる

障がいを与える　　　　　　　　　　Disable

折る、機能を損なわせる、動作を停止させる、衰弱させ
る、活力を奪う、武器を奪う、気力を弱める、弱らせる、
使い果たす、妨げる、傷つける、動けなくする、悪くす
る、能力を奪う、間違っていることを示す、重傷を負わ
せる、麻痺させる、縮小する、制限する、破壊工作をお
こなう、樹液を絞り取る、値打ちを下げる、弱体化させ
る、蝶番をはずす、減退させる、翼を傷つける、痛手を
負わせる

消化する　　　　　　　　　　　　　Digest

吸収する、処理する

浄化する　　　　　　　　　　　　　Purify

無罪を言い渡す、洗浄する、容疑を晴らす、洗い清める、
身請けする、磨きをかける、清らかなものにする、消毒
する

焼却する　　　　　　　　　　　　　Incinerate

燃やす、破壊する、生け贄にする

正気を失わせる　　　　　　　　　　Craze

錯乱させる

あ
か
さ
た
な
は
ま
や
ら
わ

衝撃を与える　　　　　　　　　Electrify

活性化する、びっくりさせる、生命を吹き込む、驚愕さ
せる、エネルギーを与える、景気をつける、エキサイト
させる、燃え立たせる、電気ショックを与える、奮い立
たせる、生気を与える、急に揺さぶる、モチベーション
（動機）を与える、速める、発奮させる、ショックを与
える、はっとさせる、刺激する、かきまわす、スリルを
感じさせる、生命力を与える

ヒント「Electrify（エレクトリファイ）」には「電気を供給する」
という意味もある。あなたはどんなイメージを思い浮かべるだ
ろうか？　はりつめた空間に稲妻を起こす、電線を伝わせる、
電池に巨大なパワーを蓄える？

衝撃をやわらげる　　　　　　　Cushion[2]

はぐくむ、弁護する、保護する、安心させる、かばう

生じさせる　　　　　　　　　　Beget

発生させる、そそのかす、挑発する

招集する［複］　　　　　　　　Assemble

集合させる、呼び集める

上昇させる　　　　　　　　　　Elevate[3]

増大させる、大きくする、高貴にする、著名にする、気
高くする、高揚させる、美化する、尊ぶ、促進する、引
き上げる、丈夫にする、張り出させる、アップグレード
する、高く揚げる

正体を見破る　　　　　　　　　Rumble

暴露する、粉砕する、裸にする、仮面をはぐ、ベールを
取り払う

承知させる　　　　　　　　　　Apprise

アドバイスする、忠告する、教化する、教育する、啓発
する、知識を与える、教授する、教える、家庭教師をする

焦点を当てる　　　　　　　　　Focus

中心に置く、専心する、監督する、地に足をつけさせる

消毒する　　　　　　　　　　　Sanitise

検閲する、浄化する

承認する　　　　　　　　　　　Approve

受け入れる、高く評価する、提唱する、肯定する、拍手
喝采する、根拠を与える、擁護する、功績を称える、大
目に見る、確認する、推奨する、えこひいきする、許可
する、批准する、認可する

情熱を与える　　　　　　　　　Impassion

高ぶらせる、激怒させる、エキサイトさせる、熱くさせ
る、真っ赤にする、奮い立たせる、発奮させる、刺激す
る、かきまわす、温める

丈夫にする　　　　　　　　　　Strengthen

教唆する、補助する、武装させる、手を貸す、増大させ
る、活を入れる、ブーストする、つっかえ棒をする、元
気づける、慰める、専心する、裏づける、気持ちを高め
る、大胆にする、励ます、高揚させる、エキサイトさせ
る、えこひいきする、食べ物を与える、燃え立たせる、
強化する、転送する、油を注ぐ、先へ進ませる、強健に
する、鼓舞する、高さを上げる、手伝う、改善する、真っ
赤にする、奮い立たせる、鍛錬する、生気を与える、図
太くさせる、養育する、保護する、養う、激励する、自
信を取り戻させる、テコ入れする、生き返らせる、若返
らせる、復元する、発奮させる、安全にする、研ぐ、拍
車をかける、救援する、サポートする、持続させる、張
り出させる、たくましくする、強く勧める、生命力を与
える

譲歩する　　　　　　　　　　　Yield

断念する、明け渡す

賞を与える　　　　　　　　　　Award

遺言で譲る、授ける、資産を与える、裕福にする、家具
を設置する、供与する、尊ぶ、重んじる、見返りを与え
る、遺言を遺す

145

あ
か
さ
た
な
は
ま
や
ら
わ

除外する　　　　　　　　　　　Exclude

法律で禁じる、流刑にする、封鎖する、ボイコットする、
検閲する、締め出す、無効にする、弁護士資格を剥奪す
る、度外視する、失格させる、やめにする、外に出す、
除く、免除する、除名する、禁じる、無視する、妨害す
る、村八分にする、非合法化する、差し止める、断る、
拒絶する、そっけなくする

私欲のために利用する　　　　　Use[1]

虐待する、食いものにする、酷使する、使う

触発する　　　　　　　　　　　Provoke[1]

高ぶらせる、目を覚まさせる、燃え上がらせる、エキサ
イトさせる、ひらめきを与える、輝かせる、引き上げる、
スパークさせる、拍車をかける、刺激する、かきまわす、
見せびらかしてじらす、もったいぶる、くすぐる、心地
よい刺激を与える、生命力を与える

処刑する　　　　　　　　　　　Execute

撃滅させる、破壊する、一掃する、とどめを刺す、刺し
貫く、殺す、リンチする、殺害する、撃つ、切り殺す、
石を投げつける、終わらせる

所在地を特定する　　　　　　　Locate

正しい方角に向ける、位置につかせる

助成する　　　　　　　　　　　Nurture[1]

開拓する、教化する、教育する、向上させる、励ます、
啓発する、育てる、身なりを整える、ガイドする、改善
する、知識を与える、学校教育を受けさせる、持続させ
る、教える、トレーニングする、高く揚げる

ショックを与える　　　　　Shock

恐れを引き起こす、煽る、びっくりさせる、生命を吹き込む、ぎょっとさせる、驚愕させる、度肝を抜く、途方に暮れさせる、ドンとぶつける、ぼーっとさせる、むかつかせる、乱す、衝撃を与える、エキサイトさせる、燃え立たせる、たまげさせる、ぎくりとさせる、電気ショックを与える、恐怖を感じさせる、生気を与える、急に揺すぶる、憤慨させる、発奮させる、愛想をつかせる、はっとさせる、刺激する、かきまわす、気絶させる、ぞっとさせる、スリルを感じさせる、外傷を与える、不安にさせる

叙任する　　　　　　　　　Ordain

聖職者に任命する、指名する、委託する、神聖なものとする、尊ぶ

処罰の対象からはずす　　　Decriminalise

正常化する、取り消して元に戻す

処分する　　　　　　　　　Discard

放棄する、捨てることを宣言する、裏切る、放免する、拒否する、払い落とす、解散させる、やめにする、避難させる、除名する、見放す、去る、失脚させる、拒絶する、断念する、断つ、解雇する、そっけなくする

除名する　　　　　　　　　Expel

流刑にする、処分する、放免する、払い落とす、解散させる、没収する、やめにする、外に出す、除く、避難させる、除外する、押し出す、クビにする、押しやる、村八分にする、失脚させる、前へ押し出す、拒絶する、そっけなくする

所有する　　　　　　　　　Own

私物化する、権利を主張する、憑いて何かをさせる

処理する　　　　　　　　　Process

吸収する、消化する

あ
か
さ
た
な
は
ま
や
ら
わ

じらす　Vex

さらに悪化させる、煽る、むっとさせる、せがむ、悪魔憑きにさせる、いらつかせる、苦悩させる、乱す、どぎまぎさせる、波立たせる、嫌がらせをする、うるさく催促する、わずらわせる、しつこく責める、立腹させる、激高させる、飽き飽きさせる、いらいらさせる、つきまとう、密告する、神経を逆なでする、迫害する、かき乱す、駄々をこねる、疫病にかからせる、挑発する、機嫌をそこねる、動揺させる、もったいぶる、苦しめる、迷惑をかける、気を動転させる、うんざりさせる、心配させる

しらふにさせる　Sober

目を覚まさせる、落ち着かせる、収拾する、冷ます、落ち込ませる、鎮静剤を打つ、しっかりと押さえる

知らんぷりをする　Cut [2]

度外視する、屈辱を与える

退ける　Depose

降格させる、王座から降ろす、弁護士資格を剥奪する、失脚させる、転覆させる、解雇する、停学処分にする、転落させる

尻に敷く　Henpeck

いじめる、恫喝する、小言を言う、批判する、迫る、嫌がらせをする、どなりつける、威嚇する、つきまとう、くどくどと文句を言う、駄々をこねる、叱る、苦しめる

ヒント 原語は「hen（めんどり）」＋「peck（つつく）」。何かにつけてうるさく口出しする動きがイメージしやすい。訳語の「尻に敷く」は黙ってどすんと座るイメージだ。演じやすい方を選んでほしい。

支離滅裂にさせる　Jumble

煽る、冷静さを失わせる、混乱させる、あわてさせる、ぼんやりさせる、当惑させる

司令塔として動く　　Command

厳しく命じる、指図する、呼ぶ、説示する、強制的にさせる、コントロールする、監督する、優位に立つ、統治する、教授する、思いどおりに動かす、命令する、支配する

神格化する　　Deify

称える、憧れる、へつらう、列福する、高揚させる、偶像化する、永遠のものにする、敬愛する、清らかなものにする、敬意を示す、崇拝する

震撼させる　　Rock [1]

乱す、弱体化させる、ふらつかせる

神経を逆なでする　　Nettle

さらに悪化させる、むっとさせる、いらいらさせる、つきまとう、いびる、疫病にかからせる、動揺させる、じらす

神経を鈍らせる　　Stupefy

びっくりさせる、驚愕させる、度肝を抜く、物思いにふけらせる、途方に暮れさせる、ぼーっとさせる、幻惑させる、酔わせる、感覚を奪う、気絶させる

進行を遅らせる　　Impede

法律で禁じる、封鎖する、ブロックする、重荷を負わせる、詰まらせる、かすがいで留める、歯止めをかける、遅らせる、抑止する、やめさせる、中断させる、動きを邪魔する、立ち止まらせる、阻止する、不利な立場に立たせる、妨げる、不便をかける、横取りする、遮断する、横やりを入れる、妨害する、圧迫する、過剰な負担をかける、延期する、動かないようにする、制限する、手間取らせる、背負わせる、止める、無意味にする、食い止める、自由を奪う

深刻にする　　Exacerbate

さらに悪化させる

人種差別する　　Segregate

孤立させる、分ける

神聖なものとする　　　Consecrate

聖職者に任命する、祝福する、祭る（祀る）、尊ぶ、永遠のものにする、叙任する、清らかなものにする、宝物にする、敬意を示す

浸透する　　　Permeate

攻め立てる、妊娠させる、潜入する、影響を与える、侵略する、貫通させる

心配させる　　　Worry

煽る、むっとさせる、せがむ、悪魔憑きにさせる、悩ませる、懸念させる、気を散らす、苦悩させる、乱す、嫌がらせをする、うるさく催促する、わずらわせる、憑く、どなりつける、くどくどと文句を言う、迫害する、かき乱す、駄々をこねる、疫病にかからせる、迷惑をかける、心痛を与える、不安にさせる、じらす

辛抱する　　　Suffer

順守する、負担する、我慢する、耐える、腹に収める、切り抜ける

尋問する　　　Interrogate

問いただす、挑む、反対尋問する、問い詰める、インタビューする、探る、かまをかける、質問する、クイズを出す

信用する　　　Credit

預ける、尊ぶ、感謝する

信用を落とす　　　Discredit

見くびる、安っぽくする、けなす、誹謗する、体面を傷つける、過小評価する、安売りする、面目を失わせる、中傷する、そしる、悪いことをする

侵略する　　　Invade

攻め立てる、襲う、攻撃する、寄生する、潜入する、貫通させる、浸透する、不意に襲撃する、痛めつける

衰弱させる　　　　　　　　　　　Debilitate

機能を損なわせる、枯渇させる、奪う、活力を奪う、減少させる、障がいを与える、水を抜く、骨抜きにする、気力を弱める、弱らせる、使い果たす、疲労させる、貧乏にする、能力を奪う、間違っていることを示す、麻痺させる、縮小する、制限する、樹液を絞り取る、飽きさせる、弱体化させる、蝶番をはずす、自信をなくさせる、減退させる、うんざりさせる

推奨する　　　　　　　　　　　　Endorse

教唆する、提唱する、肯定する、承認する、根拠を与える、後押しする、確認する、選出する、権限をもたせる、えこひいきする、許可する、批准する、勧める、認可する、サポートする、持続させる、弁明する、保証する

ヒント 原語の「Endorse」は本や映画、舞台になじみが深い。作品の宣伝のために著名人から推薦コメントを得る行為を指すからだ。また「小切手の裏書をする」といった意味もある。

水没させる　　　　　　　　　　　Swamp

包囲攻撃する、食い尽くす、浴びせかける、飲み込む、包む、寄生する、氾濫させる、圧倒する、沈める、沈没させる

崇拝する　　　　　　　　　　　　Worship

憧れる、へつらう、列福する、神格化する、祭る（祀る）、美化する、偶像化する、敬愛する、宝物にする、敬意を示す

スキャンする　　　　　　　　　　Scan

コンピューターで算出する、検討する、読む、研究する

救う　　　　　　　　　　　　　　Save

補助する、手を貸す、解き放つ、挽回する、救助する、とどめる、救済する、容認する

あ
か
さ
た
な
は
ま
や
ら
わ

少しずつかじって食べる　Nibble

ぎゅっと噛む、挨拶のキスをする

ヒント「Nibble」は「ちびちび食べる」「おつまみを口にする」といった意味から「気のあるふりをする」「興味を示す」という意味でも使われる。相手に対して本気を出さず、まずは当たり障りのない会話から、という時のヒントにどうだろう。

すすぐ　Rinse

入浴させる、洗浄する

勧める　Recommend

肯定する、主張する、後押しする、功績を称える、確認する、推奨する、えこひいきする、批准する、認可する、サポートする、持続させる、保証する

ずたずたにする　Mangle

屠殺する、機能を損なわせる、こなごなにする、破壊する、ゆがめる、重傷を負わせる、袋だたきにする、ばらばらに切断する、ぶち壊す

すっぽかす　Ditch

放棄する、やめにする、見放す、恋人を振る、拒絶する

捨てる　Desert

放棄する、裏切る、見放す、恋人を振る、去る、孤島に置き去りにする、ネグレクトする、拒絶する、断念する、疎外する、そっけなくする

捨てることを宣言する　Abjure

処分する、断つ

ストーカー行為をする　Stalk

追いかける、ついて行く、狩る、追い求める

ストレスを加える　Stress

圧迫する、圧力をかける

スパークさせる　　　　　　　　**Spark**

生命を吹き込む、高ぶらせる、エキサイトさせる、発生させる、火をつける、そそのかす、ひらめきを与える、輝かせる、触発する、発奮させる、刺激する、かきまわす、引き金を引く

図太くさせる　　　　　　　　　　**Nerve**

生命を吹き込む、大胆にする、励ます、鼓舞する、真っ赤にする、奮い立たせる、生気を与える、自信を取り戻させる、発奮させる、刺激する、かきまわす、丈夫にする、生命力を与える

スポンサーとして後援する　　　　**Sponsor**

後押しする、サポートする

すりつぶす　　　　　　　　　　　**Mash**

こなごなにする、ミンチにする、ぎゅっと押しつぶす

すり抜ける　　　　　　　　　　　**Elude** [1]

避ける、かわす、脱出する、ずるい手段を使って逃れる、逃走する、裏をかく、先んずる、生け垣で囲む、追い越す、出し抜く、義務を押しつける、疎外する、はぐらかす

スリルを感じさせる　　　　　　　**Thrill**

生命を吹き込む、高ぶらせる、歓喜させる、衝撃を与える、恍惚とさせる、エキサイトさせる、うきうきさせる、燃え立たせる、電気ショックを与える、発奮させる、ショックを与える、はっとさせる、刺激する、かきまわす、心地よい刺激を与える

ずるいことをする　　　　　　　　**Cheat**

魅了する、ぺてんにかける、欺く、詐欺行為をする、思い込ませる、もてあそぶ、カモにする、金を巻き上げる、だます、つけ込む、一杯食わせる、目をくらます、出し抜く、強奪する、かたる、トリックを仕掛ける、悪いことをする

ずるい手段を使って逃れる　　　　**Evade**

避ける、かわす、すり抜ける、脱出する、逃走する、追い越す、受け流す、義務を押しつける、疎外する、はぐらかす、引き留める

寸法を測る   **Measure**

鑑定する、査定する、計算する、熟考する、熟慮する、
見積もる、評価する、測定する、基準に当てはめて判断
する、比較検討する

制圧する   **Quash**

打ち負かす、こなごなにする、打倒する、取り壊す、破
壊する、耐え切れなくさせる、圧倒する、鎮圧する、抑
圧する、ぎゅっと押しつぶす、押し殺す、破る

声援を送る   **Cheer** [2]

高く評価する、拍手喝采する、歓呼して迎える

生気を与える   **Invigorate**

活性化する、生命を吹き込む、高ぶらせる、ブーストす
る、明るくする、元気づける、衝撃を与える、大胆にす
る、励ます、エネルギーを与える、燃え上がらせる、景
気をつける、エキサイトさせる、うきうきさせる、燃え
立たせる、強化する、さっぱりさせる、電気ショックを
与える、発生させる、鼓舞する、そそのかす、真っ赤に
する、ひらめきを与える、奮い立たせる、中毒にする、
急に揺すぶる、輝かせる、モチベーション（動機）を与
える、図太くさせる、促進する、速める、自信を取り戻
させる、リフレッシュさせる、生まれ変わらせる、若返
らせる、復活させる、発奮させる、ショックを与える、
こわばらせる、刺激する、かきまわす、丈夫にする、持
続させる、高く揚げる、生命力を与える

制限する   **Restrict**

法律で禁じる、封鎖する、縛り上げる、ブロックする、
カテゴリーに当てはめる、鎖でつなぐ、監禁する、束縛
する、締めつける、かすがいで留める、歯止めをかける、
衰弱させる、待たせる、障がいを与える、動きを邪魔す
る、気力を弱める、弱らせる、足枷をはめる、阻止する、
不利な立場に立たせる、妨げる、進行を遅らせる、押収
する、能力を奪う、幽閉する、遮断する、限度を設ける、
差し止める、配給する、動かないようにする、押し殺す、
縛る、自由を奪う、減退させる

制限を取り払う　　　　Unfetter

苦労をなくす、撤退する、もつれを解く、束縛を解く、開放的な気分にさせる、独立させる、公民権や参政権を与える、自由にする、解き放つ、解除する、荷を下ろす、鎖をはずす、つないだ紐を放つ、足枷をはずす、ほどく

成熟させる　　　　　　Mature

洗練させる

正常化する　　　　　　Normalise

復員させる、中和する、定例化する、安定させる

聖職者に任命する　　　Anoint

祝福する、神聖なものとする、崇める、叙任する、清らかなものにする

盛装させる　　　　　　Attire

衣服を与える、支度をする

正当性を認める　　　　Validate

確認する、許可する

征服する　　　　　　　Conquer

私物化する、打つ、こなごなにする、打倒する、取り壊す、王座から降ろす、卒倒させる、乗り越える、牛耳る、耐え切れなくさせる、転覆させる、圧倒する、ひれ伏させる、鎮圧する、抑圧する、支配する、意のままに操る、破る

生命力を与える　　　　Vitalise

活性化する、生命を吹き込む、高ぶらせる、目を覚まさせる、明るくする、元気づける、衝撃を与える、大胆にする、励ます、エネルギーを与える、景気をつける、エキサイトさせる、うきうきさせる、燃え立たせる、電気ショックを与える、発生させる、鼓舞する、真っ赤にする、ひらめきを与える、奮い立たせる、生気を与える、モチベーション（動機）を与える、図太くさせる、触発する、速める、発奮させる、研ぐ、拍車をかける、刺激する、かきまわす、丈夫にする、高く揚げる

生命を吹き込む Animate

活性化する、高ぶらせる、目を覚まさせる、ブーストする、明るくする、元気づける、鼻高々にさせる、衝撃を与える、気持ちを高める、大胆にする、励ます、景気をつける、エネルギーを与える、エキサイトさせる、うきうきさせる、燃え立たせる、電気ショックを与える、鼓舞する、押しやる、そそのかす、真っ赤にする、ひらめきを与える、奮い立たせる、生気を与える、動員する、モチベーション（動機）を与える、動かす、図太くさせる、引き上げる、激励する、復活させる、発奮させる、ショックを与える、スパークさせる、拍車をかける、刺激する、スリルを感じさせる、強く勧める、高く揚げる、生命力を与える、鮮明にする、覚醒させる、温める

誓約する Pledge

責任をもつ、義務づける

背負わせる Saddle

重荷を負わせる、動きを邪魔する、阻止する、不利な立場に立たせる、妨げる、進行を遅らせる、不便をかける、圧迫する、過剰な負担をかける、手間取らせる、自由を奪う、迷惑をかける

せがむ Badger

むっとさせる、包囲攻撃する、いらつかせる、いじめる、乱す、波立たせる、扇動する、嫌がらせをする、うるさく催促する、わずらわせる、質問攻めにする、どなりつける、しつこく責める、つきまとう、迫害する、駄々をこねる、疫病にかからせる、なじる、もったいぶる、迷惑をかける、苦しめる、じらす、心配させる

急き立てる Hurry

加速させる、どぎまぎさせる、扇動する、急がせる、押し売りする、そそのかす、プッシュする、速める、急に動かす

責任をもつ［複］ Commit

婚約させる、結び合わせる、従事させる、義務を負わせる、誓約する

接近する　Approach
呼びかける、口火を切る、挨拶する

設計する　Engineer
コントロールする、操る、操作する、働かせる

絶賛する　Extol
拍手喝采する、賛辞を述べる、派手に描く、美化する、褒めちぎる、賛美する、誇示する、吹聴する

説示する　Charge[2]
告訴する、司令塔として動く、軽んじる、油を注ぐ、弾劾する、罪を負わせる、裁判所に訴えを出す、起訴する

切除する　Excise
撃滅させる、キャンセルする、破壊する、薄暗くする、消し去る、根絶する、根こそぎにする、撃破する、取り除く

接待する　Entertain
楽しませる、歓喜させる、気晴らしをさせる、恍惚とさせる、ホスト役を務める、興味をそそる、大盤振る舞いする

切断する［複］　Cleave[2]
分割する、切り込む、分ける、分断する、仲たがいさせる、二つに分ける

接着する［複］　Bond
結び合わせる、固める、固定する、ヒューズを取り付ける、釘づけにさせる、貼りつける

せっつく　Prod[1]
高ぶらせる、励ます、扇動する、押しやる、そそのかす、モチベーション（動機）を与える、いびる、納得させる、押しのける、拍車をかける、刺激する、強く勧める

説得する　Convince
断言する、納得させる、勝つ

| あ |
| か |
| さ |
| た |
| な |
| は |
| ま |
| や |
| ら |
| わ |

切望する　Entreat

乞う、歎願する、呪文を唱えて召喚する、泣きつく、しつこくねだる、陳情する、勧誘する、強く勧める

迫る　Crowd

ドンとぶつける、肘で押す、尻に敷く、押し売りする、肘で軽く突いて注意を促す、押す、押しのける

攻め立てる　Assail

虐待する、逮捕する、襲う、攻撃する、爆撃する、体当たりする、つっかかる、侵略する、ものを投げつける、浸透する、苦しめる

責める　Blame

告訴する、法廷に呼び出す、問責する、とがめる、罪や落ち度があることを示す、批判する、軽んじる、弾劾する、罪を負わせる、裁判所に訴えを出す、槍玉にあげる、落ち度を指摘する

占拠して壊す　Sack [2]

打撃を与える、略奪する、ぶんどる

選出する　Elect

指名する、選択する、指示する、推奨する、選ぶ、選定する

洗浄する　Cleanse

洗礼を施す、浄化する、すすぐ、汚れをこすり落とす、洗う

専心する　Concentrate

焦点を当てる、丈夫にする

選択する　Choose

指示する、選出する、ノミネートする、選ぶ、選定する

選定する　Select

指名する、選択する、指示する、選出する、ノミネートする、選ぶ

戦闘する　Battle

襲う、攻撃する、冷静さを失わせる、拳で殴る、挑む、対抗する、立ち向かう、戦う、叩く

扇動する　Goad

教唆する、むっとさせる、高ぶらせる、せがむ、駆動する、励ます、エネルギーを与える、熱心に勧める、嫌がらせをする、急がせる、しつこく責める、急き立てる、押しやる、そそのかす、影響を与える、モチベーション（動機）を与える、納得させる、ごり押しする、プレッシャーをかける、せっつく、促す、前へ押し出す、プッシュする、速める、急に動かす、拍車をかける、刺激する、針で刺す、もったいぶる、強く勧める

先導する　Usher

アテンド（同行）する、ガイドする、リードする、ナビゲートする、舵取りをする

潜入する　Infiltrate

妊娠させる、侵略する、貫通させる、浸透する

洗脳する　Brainwash

教え込む

鮮明にする　Vivify

生命を吹き込む、高ぶらせる、目を覚まさせる

洗礼を施す　Baptise

洗浄する、名前をつける

洗練させる　Sophisticate

よりよいものにする、文明化する、身なりを整える、成熟させる

遭遇する　Encounter

立ち向かう、関心を引く、面と向かう、戦う

捜索する　Search

服の上から身体検査する、検査する、探る

あ	
か	
さ	
た	
な	
は	
ま	
や	
ら	
わ	

操作する　　　　　Manoeuvre

指揮する、コントロールする、監督する、設計する、ガイドする、管理する、操る、ナビゲートする、舵取りをする

捜査する　　　　　Investigate

分析する、反対尋問する、検査する、探る、質問する、徹底的に調べる

増大させる　　　　Augment

活を入れる、ブーストする、上昇させる、励ます、拡大する、食べ物を与える、油を注ぐ、高さを上げる、ふくらませる、テコ入れする、丈夫にする、持続させる、張り出させる

添える　　　　　　Affix

錨で留める、固定する、押さえ込む、確保する、押し込む

疎遠にする　　　　Alienate

幻滅させる、遠ざける、みじめにさせる、毒を塗る、毒を盛る、ひねくれさせる

疎外する　　　　　Shun

放棄する、避ける、捨てる、かわす、すり抜ける、脱出する、ずるい手段を使って逃れる、村八分にする

促進する　　　　　Promote

教唆する、大きくする、手を貸す、後押しする、ブーストする、擁護する、功績を称える、上昇させる、励ます、高揚させる、えこひいきする、転送する、先へ進ませる、助ける、生気を与える、パトロンになる、触発する、プッシュする、引き上げる、拍車をかける、サポートする、アップグレードする

測定する　　　　　　　　　　　　　Gauge

鑑定する、査定する、熟考する、熟慮する、見積もる、評価する、検討する、基準に当てはめて判断する、寸法を測る、監視する、ランクをつける、採点する、比較検討する

ヒント「Gauge」とは「ゲージ」のこと。長さや大きさを測る計器のことだが、人の能力や生産性を評価する動詞も「ゲージ」だ。あなたが演じる人物は他の人物たちの能力をどう評価しているだろうか。それによって態度が変わるに違いない。

束縛する　　　　　　　　　　　　Constrain[2]

縛り上げる、箱に入れる、鎖でつなぐ、強要する、監禁する、締めつける、コントロールする、かすがいで留める、動きを邪魔する、足枷をはめる、阻止する、させないようにする、必要とする、義務を負わせる、固定概念に当てはめる、押し当てる、圧力をかける、動かないようにする、制限する、止める、縛る、自由を奪う

束縛を解く　　　　　　　　　　　Disenthrall

開放的な気分にさせる、放免する、苦労をなくす、撤退する、もつれを解く、独立させる、公民権や参政権を与える、自由にする、解き放つ、救助する、解除する、荷を下ろす、鎖をはずす、制限を取り払う、つないだ紐を放す、足枷をはずす、ほどく

組織する　　　　　　　　　　　　Organise

コントロールする、管理する

阻止する　　　　　　　　　　　　Hamper

法律で禁じる、封鎖する、ブロックする、重荷を負わせる、鎖でつなぐ、詰まらせる、監禁する、束縛する、締めつける、かすがいで留める、歯止めをかける、抑止する、中断させる、動きを邪魔する、足枷をはめる、不利な立場に立たせる、妨げる、悪くする、進行を遅らせる、不便をかける、限度を設ける、妨害する、圧迫する、過剰な負担をかける、動かないようにする、制限する、手間取らせる、背負わせる、無意味にする、食い止める、縛る、自由を奪う

そしる　　　　　　　　　　　　　　　　　　Vilify

虐待する、攻撃する、がみがみ言う、黒く塗る、誹謗する、告発する、信用を落とす、軽んじる、罵倒する

蘇生させる　　　　　　　　　　　　　　Resuscitate

復興させる、復活させる

そそのかす　　　　　　　　　　　　　　　Incite

煽る、生命を吹き込む、高ぶらせる、目を覚まさせる、生じさせる、呼ぶ、大胆にする、励ます、燃え上がらせる、激怒させる、エキサイトさせる、熱心に勧める、油を注ぐ、電気ショックを与える、発生させる、扇動する、急き立てる、押しやる、誘導する、真っ赤にする、影響を与える、ひらめきを与える、奮い立たせる、火付け役となる、生気を与える、輝かせる、モチベーション（動機）を与える、納得させる、せっつく、前へ押し出す、挑発する、速める、激励する、発奮させる、スパークさせる、拍車をかける、刺激する、かきまわす、強く勧める

育てる　　　　　　　　　　　　　　　　　Foster

教唆する、便宜を図る、補助する、ブーストする、コーチする、開拓する、開発する、規律に従わせる、教化する、教育する、励ます、啓発する、父親になる、えこひいきする、食べ物を与える、手伝う、母親になる、養分を与える、看病する、養育する、養う、しつける、サポートする、持続させる、教える

そっけなくする　　　　　　　　　　　　Spurn

流刑にする、捨てる、処分する、拒否する、度外視する、やめにする、外に出す、除外する、除名する、無視する、門前払いする、断る、拒絶する、断つ、関与を否定する、冷笑する

卒倒させる　　　　　　　　　　　　　　Floor[1]

びっくりさせる、驚愕させる、度肝を抜く、まごつかせる、途方に暮れさせる、面食らわせる、ぶん殴る、打倒する、企てを失敗させる、狼狽させる、唖然とさせる、当惑させる、思案させる、切り倒す、投げる

ぞっとさせる　Terrify

恐れを引き起こす、警報を伝える、ぎくりとさせる、恐怖を感じさせる、パニックに陥れる、麻痺させる、呆然とさせる、怖がらせる、ショックを与える、怯えさせる、テロの恐怖に陥れる

外に出す　Eject

流刑にする、蹴飛ばす、弁護士資格を剥奪する、放免する、払い落とす、解散させる、没収する、やめにする、除く、除外する、国外に追放する、除名する、押し出す、クビにする、失脚させる、拒絶する、取り除く、解雇する、そっけなくする

備え付ける　Equip

対応する、武装させる、家具を設置する、準備する

その気にさせる　Tempt

魅惑する、引き寄せる、賄賂を贈る、おだてる、丸め込む、気を引く、誘導する、影響を与える、おびき寄せる、誘惑する

粗末に扱う　Desecrate

美観を汚す、違反する、邪道に導く、冒涜する

そむく　Disobey

逆らう、度外視する、無視する

そむける　Avert

しぼませる、脇へそらす、受け流す

染める　Imbue

水浸しにする、満たす、しみ込ませる、飽和状態にする

尊重する　Esteem

称える、リスペクトする、敬愛する、大事にする

あ
か
さ
た
な
は
ま
や
ら
わ

体当たりする　　　　　　　　Charge[2]

無礼な言動をする、法廷に呼び出す、攻め立てる、襲う、
攻撃する、責める、群がる、激突する、ぶつける

対応する　　　　　　　　Accommodate[1]

適応させる、調節する、カスタマイズする

対決する　　　　　　　　　　Confront

声をかける、戦闘する、ブロックする、挑む、あえて～
する、逆らう、乱す、戦いに備える、遭遇する、面と向
かう、フラストレーションを与える、立ち止まらせる、
妨害する、抵抗する、タックルする

対抗する　　　　　　　　　　Combat

襲う、攻撃する、戦闘する、拳で殴る、戦いに備える、
戦う

大事にする　　　　　　　　　Value[1]

査定する、心に抱く、尊重する、祭る（祀る）、見積もる、
尊ぶ、重んじる、リスペクトする、宝物にする

大胆にする　　　　　　　　Embolden

生命を吹き込む、断言する、元気づける、慰める、安ら
ぎを与える、励ます、燃え立たせる、強化する、鼓舞する、
そそのかす、真っ赤にする、ひらめきを与える、奮い立
たせる、生気を与える、図太くさせる、激励する、自信
を取り戻させる、発奮させる、こわばらせる、刺激する、
かきまわす、丈夫にする、持続させる、生命力を与える

台なしにする　　　　　　　　　　Mar

虐待する、くじく、美を損なわせる、ダメージを与える、
外観を傷つける、害を及ぼす、妨げる、傷つける、悪く
する、けがをさせる、重傷を負わせる、傷跡を残す、腐
らせる、手を染めさせる、光沢を損なう

代表者として送り出す　　　　Delegate

指名する、指定する、根拠を与える、委託する、力を与え
る、可能にさせる、権限をもたせる、認可する、保証する

164

逮捕する　Arrest[1]

身柄を拘束する、ブロックする、捕獲する、キャッチする、有罪判決を出す、留め置く、急いで捕まえる、取り押さえる、ひっとらえる、妨害する、動かないようにする、急につかむ、押し殺す

体面を傷つける　Degrade

無礼な言動をする、安っぽくする、堕落させる、劣化させる、卑しめる、降格させる、下劣にする、信用を落とす、格下げする、控えめにさせる、屈辱を与える、侮辱する、パトロンになる、邪道に導く、屈服させる、恥ずかしい思いをさせる

耐え切れなくさせる　Overpower

征服する、こなごなにする、幻惑させる、打倒する、優位に立つ、独裁する、思いどおりに動かす、圧迫する、牛耳る、圧倒する、制圧する、鎮圧する、抑圧する、押し殺す、破る

耐える　Tolerate

順守する、負担する、我慢する、気ままにさせる、腹に収める、辛抱する

高く揚げる　Uplift

生命を吹き込む、ブーストする、明るくする、元気づける、鼻高々にさせる、上昇させる、エキサイトさせる、うきうきさせる、さっぱりさせる、鼓舞する、押し上げる、奮い立たせる、生気を与える、持ち上げる、養育する、養う、生まれ変わらせる、発奮させる、生命力を与える

高く評価する　Acclaim

拍手喝采する、承認する、元気づける、功績を称える、高揚させる、美化する、歓呼して迎える、尊ぶ、褒めちぎる、賛美する、歓迎する

高さを上げる　Heighten

増大させる、ブーストする、上昇させる、高揚させる、持ち上げる、引き上げる、丈夫にする、張り出させる

165

鷹のように獲物を襲う　Hawk [2]

攻撃する、狩る

高ぶらせる　Arouse

活性化する、煽る、生命を吹き込む、目を覚まさせる、励ます、エネルギーを与える、燃え上がらせる、景気をつける、エキサイトさせる、たきつける、燃え立たせる、電気ショックを与える、発生させる、扇動する、情熱を与える、そそのかす、真っ赤にする、ひらめきを与える、興味をもたせる、中毒にする、興味をそそる、生気を与える、輝かせる、動かす、せっつく、触発する、復活させる、発奮させる、スパークさせる、拍車をかける、刺激する、かきまわす、スリルを感じさせる、心地よい刺激を与える、生命力を与える、鮮明にする、覚醒させる、温める

宝物にする　Treasure

憧れる、へつらう、心に抱く、神聖なものとする、保全する、祭る（祀る）、尊ぶ、偶像化する、永遠のものにする、かわいがる、重んじる、敬愛する、大事にする、敬意を示す、崇拝する

抱き合う　Embrace [1]

愛撫する、留め金で留める、強く抱擁する、しっかり握る、やさしく寄り添う、輪で囲む、抱き込む、囲い込む、網羅する、くるむ、包む、包み込む、つかみ取る、把握する、支える、ハグをする、鼻をすり寄せる、押し当てる、急につかむ、ぎゅっと握る、包帯を巻く、巻きつける

抱き込む　Enclasp

迎え入れる

たきつける　Fan

煽る、高ぶらせる、エキサイトさせる、触発する、発奮させる、刺激する

卓越する　Excel

影を薄れさせる、超過する

たくましくする　Toughen

ブーストする、強化する、強健にする、テコ入れする、鋼で覆う、丈夫にする

タグをつける　Tag

分類する

打撃を与える　Devastate

取り壊す、奪い取る、破壊する、ぶんどる、痛めつける、壊滅させる、完敗させる、破滅させる、占拠して壊す、粉砕する、叩き壊す、ぶち壊す

たしなめる　Reprove

戒める、酷評する、警告する、問責する、小言を言う、罪や落ち度があることを示す、訂正する、訓戒する、罰する、叱責する、槍玉にあげる、叱る

出し抜く　Outwit

まごつかせる、打ち負かす、ずるいことをする、面食らわせる、思い込ませる、カモにする、理解できないことをする、裏をかく、だます、つけ込む、一杯食わせる、勝る、抜け駆けする、切り倒す、食い止める、追い抜く、陥れる、トリックを仕掛ける、足を引っかけて転ばせる、切り札を出す

尋ねる　Query

探る、質問する

称える　Admire

神格化する、尊重する、尊ぶ、偶像化する、褒めちぎる、賛美する、リスペクトする、敬愛する、敬意を示す

戦いに備える　Embattle

挑む、対抗する、対決する

戦う　Fight

襲う、攻撃する、戦闘する、拳で殴る、挑む、対抗する、遭遇する、叩く

あ
か
さ
た
な
は
ま
や
ら
わ

叩き切る   Hack

勢いよく切る、切り開く、切る、えぐる、かきむしる、ばらばらに切断する、切りつける、痛手を負わせる

叩きこむ   Drill [1]

コーチする、開拓する、開発する、規律に従わせる、教化する、教育する、啓発する、教練する、身なりを整える、教え込む、知識を与える、教授する、学校教育を受けさせる、教える、トレーニングする、家庭教師をする

叩き壊す   Smash

めった打ちにする、折る、こなごなにする、激しく衝突する、取り壊す、破壊する、打撃を与える、けちょんけちょんにする、粉砕する

叩きつける   Slam

ドンドンと叩く、殴りつける、前へ押し出す、ぴしゃりと打つ、ぶつける、脱穀する、ごつんと打つ

叩く   Hit

襲う、ドンドンと叩く、殴りつける、棍棒で打つ、めった打ちにする、戦闘する、打つ、ベルトで打つ、拳で殴る、殴り飛ばす、殴り倒す、鉄拳を食らわせる、頭を殴る、棍棒で殴る、平手打ちを食らわす、ダメージを与える、ぶん殴る、戦う、はじく、ひっぱたいて何かをさせる、金槌で打つ、強打する、パンチを食らわせる、こつんと叩く、ぴしゃりと打つ、張り倒す、ぺちんと叩く、打ちのめす、一発お見舞いする、ぶつける、ぱしんと叩く、ごつんと打つ、さんざんに打ちのめす、ぶっ叩く、やっつける

正しい方角に向ける   Orientate

監督する、所在地を特定する、位置につかせる

駄々をこねる　Pester

さらに悪化させる、むっとさせる、せがむ、餌を仕掛ける、悪魔憑きにさせる、包囲攻撃する、悩ませる、恫喝する、いじめる、乱す、波立たせる、嫌がらせをする、うるさく催促する、わずらわせる、尻に敷く、しつこく責める、飽き飽きさせる、いらいらさせる、やじる、つきまとう、いびる、くどくどと文句を言う、疫病にかからせる、なじる、もったいぶる、苦しめる、迷惑をかける、じらす、心配させる

立ちすくませる　Transfix

留め置く、催眠術をかける、我を忘れさせる、麻痺させる、固まらせる、呪縛する

立ち止まらせる　Halt

停止させる、ブロックする、立ち向かう、歯止めをかける、フラストレーションを与える、動けなくする、進行を遅らせる、妨害する、麻痺させる、動かないようにする、引き留める、止める

立ち退かせる　Displace

流刑にする、国外に追放する、踏みにじる

断つ　Renounce

放棄する、捨てることを宣言する、処分する、拒否する、見放す、去る、無にする、拒絶する、断念する、関与を否定する、取り消す、犠牲にする、そっけなくする、明け渡す

タックルする　Tackle

攻撃する、口火を切る、挑む、対決する

脱穀する　　　　　　　　　　　　　　Thrash

めった打ちにする、打ち負かす、棒で殴って従わせる、打倒する、おしおきする、ひっぱたいて何かをさせる、ものを投げつける、けちょんけちょんにする、厳しく罰する、叩きつける、お尻をぺんぺん叩く、がんじがらめにする、ぶつける、お尻をひっぱたく、ごつんと打つ、ばしっと叩く、鞭打つ

ヒント「脱穀」とは収穫した穀物を茎からはずすこと。豆や麦などを棒で強く叩く動きをイメージしよう。「打つ」「叩く」といった動詞の類語はたくさんあるが、その意図は何だろう？穀物のように、何か相手から得たいものがあるだろうか。

脱出する　　　　　　　　　　　　　　Escape

避ける、かわす、すり抜ける、ずるい手段を使って逃れる、逃走する、フラストレーションを与える、追い越す、義務を押しつける、疎外する

脱線させる　　　　　　　　　　　　　Derail

不安定にする

タップする　　　　　　　　　　　　　Tap

軽く叩く、はじく、ぽんと叩く、ぶつける、触る

ヒント「タップ」とは携帯端末の画面などを指やタッチペンなどの先で軽く叩くように触れること。英語では手のひらでぽんと肩を叩く仕草も「Tap」。

打倒する　　　　　　　　　　　　　　Defeat

打ち負かす、折る、面食らわせる、征服する、機能を損なわせる、こなごなにする、王座から降ろす、とどめを刺す、卒倒させる、挫折させる、無にする、勝る、耐え切れなくさせる、転覆させる、圧倒する、制圧する、鎮圧する、門前払いする、脱穀する、食い止める、圧勝する、破る

楽しませる　　　　　　　　　　　　　Amuse

魅了する、うっとりさせる、元気づける、歓喜させる、景気をつける、接待する、嬉しがらせる、幸せにする、調子を合わせる、気に入る、大盤振る舞いする、くすぐる

170

食べ物を与える　　　　　　　　　Feed

増大させる、活を入れる、励ます、育てる、油を注ぐ、養分を与える、養育する、丈夫にする、持続させる

打撲傷を負わせる　　　　　　　　Bruise

襲う、めった打ちにする、打つ、こなごなにする、ダメージを与える、けがをさせる、侮辱する、いやな気分にさせる、けちょんけちょんにする、痛手を負わせる

たまげさせる　　　　　　　Flabbergast

びっくりさせる、驚愕させる、度肝を抜く、面食らわせる、ぼーっとさせる、幻惑させる、唖然とさせる、ショックを与える、よろめかす、気絶させる、驚かせる

だます　　　　　　　　　　　　　Fool

うまいことを言って惑わせる、魅了する、はったりをかける、ずるいことをする、ぺてんにかける、欺く、詐欺行為をする、思い込ませる、もてあそぶ、カモにする、つけ込む、一杯食わせる、目をくらます、かつぐ、わざと判断を誤らせる、出し抜く、もったいぶる、トリックを仕掛ける

黙らせる　　　　　　　　　　　　Hush

なだめる、落ち着かせる、寝かしつける、とりなす、音を弱める、口止めする、静かにさせる、沈黙させる、なごませる、もみ消す、抑える、押し殺す

ダメージを与える　　　　　　　Damage

虐待する、襲う、美を損なわせる、折る、打撲傷を負わせる、機能を損なわせる、汚す、堕落させる、外観を傷つける、誹謗する、美観を汚す、奪う、害を及ぼす、叩く、傷つける、悪くする、けがをさせる、重傷を負わせる、冷遇する、台なしにする、こき使う、ばらばらに切断する、引っかき傷をつける、破滅させる、破壊工作をおこなう、ひどい目にあわせる、引っかく、腐らせる、手を染めさせる、減退させる、痛手を負わせる

試す　　　　　　　　　　　　　　Test

鑑定する、査定する、オーディションで審査する、検討する、探る、クイズを出す

あ
か
さ
た
な
は
ま
や
ら
わ

堕落させる　Corrupt

混ぜ物をする、価値を落とすような変更を施す、美を損なわせる、いかがわしい部分を削除する、賄賂を贈る、ダメージを与える、評価を落とす、花をもぎ取る、体面を傷つける、下劣にする、士気を下げる、悪くする、感染させる、邪道に導く、毒を盛る、汚染する、手を染めさせる、違反する、不順にする

たらしこむ　Debauch

襲う、美観を汚す、花をもぎ取る、士気を下げる、下劣にする、痴漢行為をする、邪道に導く、汚染する、レイプする、力ずくで奪う、恥ずかしい思いをさせる、ぶち壊す、違反する

弾劾する　Impeach

告訴する、責める、とがめる、告発する、軽んじる、裁判所に訴えを出す

歎願する　Beseech

乞う、切望する、泣きつく、勧誘する

団結させる［複］　Unite

組み合わせる、結合させる、呼び集める、一丸にする

断言する　Assure

説得する、大胆にする、励ます、鼓舞する、奮い立たせる、納得させる、自信を取り戻させる、安全にする、居場所を与える、安定させる、保証する

断念する　Relinquish

放棄する、捨てる、処分する、見放す、恋人を振る、去る、断つ、明け渡す、譲歩する

堪能させる　Satiate

満たす、補充する、満足させる、飽和状態にする、詰める

鍛錬する　Inure

強化する、強健にする、テコ入れする、丈夫にする

小さくする　　　　　　　　　　　Lessen

苦痛を軽減する、落ち着かせる、奪う、減少させる、下げる、縮小する、従属させる、減退させる

チェックする　　　　　　　　　　Check [2]

服の上から身体検査する、厳しく吟味する

力ずくで奪う　　　　　　　　　　Ravish [2]

たらしこむ、花をもぎ取る、レイプする、違反する、ぶち壊す

力づける　　　　　　　　　　　　Fortify [1]

元気づける、大胆にする、励ます、鼓舞する、生気を与える、自信を取り戻させる、持続させる

力を与える　　　　　　　　　　　Empower

武装させる、根拠を与える、法的資格を与える、委託する、代表者として送り出す、上昇させる、可能にさせる、権限をもたせる、ライセンスを与える、許可する、認可する

力を奪う　　　　　　　　　　　　Disempower

去勢する、骨抜きにする

痴漢行為をする　　　　　　　　　Molest

虐待する、苛む、襲う、たらしこむ、花をもぎ取る、害を及ぼす、冷遇する、手荒く扱う、こき使う、迫害する、レイプする

ちぎる　　　　　　　　　　　　　Tear

噛み切る、折る、切り開く、切る、深い切り傷をつける、えぐる、切り込む、かきむしる、引き裂く、切りつける、細長く切る、割る

ちくりと刺す　　　　　　　　　　Prick

切る、刺し貫く、いびる、貫通させる、穴を開ける、突き刺す、パンクさせる、引っかく、犬釘を打ちつける、針で刺す

知識を与える　　　　　　　　Inform [1]

コーチする、開拓する、報告する、規律に従わせる、叩きこむ、影響を与える、教授する、助成する、学校教育を受けさせる、教える、トレーニングする、家庭教師をする

父親になる　　　　　　　　　Father

育てる、母親になる、子育てする、養う、しつける

乳離れさせる　　　　　　　　Wean

養分を与える、養育する、持続させる

乳を搾る　　　　　　　　　　Milk

引き下げる、水を抜く、使い果たす

ヒント 動詞の「Milk」はミルクに限らず、樹液や資金などを搾り取る意味でも使われる。その動作の真意は自分の利益をとことん追求すること。ぎゅっと搾って得たものを一滴も無駄にしようとしない姿勢が思い浮かぶ。

窒息させる　　　　　　　　　Suffocate

息苦しくさせる、息もつけないようにする、絞め殺す

地に足をつけさせる　　　　　Ground

バランスをとる、中心に置く、焦点を当てる、レベルを同じにする、中和する、植える、規則正しくする、根付かせる、確保する、居場所を与える、安定させる、しっかりと押さえる

ちやほやする　　　　　　　　Pamper

過剰なほどに大事にする、えこひいきする、調子を合わせる、気ままにさせる、甘ったれにさせる、かわいがる、過保護にする、おごる

注意を奪う　　　　　　　　　Engross

鷲掴みにする、心を奪う、関心を引く、飲み込む、有頂天にさせる、包む、心を捉える、執着させる、心をつかむ、記憶に留める、興味をもたせる、没頭させる、独占する、注意を引く、じっと見つめる、呪縛する

注意を喚起する　　　　　　　　Alert

アドバイスする、警報を伝える、目を覚まさせる、警告する、前もって注意する、通知する、合図を送る、用心させる

注意を引く　　　　　　　　　Occupy

従事させる、注意を奪う、記憶に留める、宿る、うわの空にさせる、とどめる

忠告する　　　　　　　　　　Counsel

アドバイスする、承知させる、警告する、教化する、教育する、啓発する、ガイドする、知識を与える、教授する、教える、家庭教師をする、用心させる

注視する　　　　　　　　　　Behold

呪文を唱えて召喚する

抽出する　　　　　　　　　　Extract

引き出す、引く

中傷する　　　　　　　　　　Slander

虐待する、無礼な言動をする、攻撃する、黒く塗る、誹謗する、信用を落とす、軽んじる、つっかかる、侮辱する、強打する、悪口を言う、憤慨させる、軽視する、なじる

中心に置く　　　　　　　　　Centre

焦点を当てる、地に足をつけさせる

中断させる　　　　　　　　　Disrupt

乱す、阻止する、質問攻めにする、進行を遅らせる、横やりを入れる、破壊工作をおこなう、気を動転させる

中毒にする　　　　　　　　　Intoxicate

高ぶらせる、エキサイトさせる、うきうきさせる、酩酊させる、酔わせる、真っ赤にする、生気を与える、バランスを失わせる

中和する　　　　　　　　　　Neutralise

地に足をつけさせる、正常化する

あ
か
さ
た
な
は
ま
や
ら
わ

超越する　Transcend
影を薄れさせる、超過する、勝る、うわてを行く、上回る、追い抜く

超過する　Exceed
よりよいものにする、影を薄れさせる、卓越する、勝る、うわてを行く、上回る、超越する

彫刻する　Sculpt
型にはめる、形作る

調子を合わせる　Humour
楽しませる、充足させる、いい気にさせる、幸せにする、気ままにさせる、とりなす、ちやほやする、なめらかにする

調子を整える　Condition
習慣づける、慣れさせる、教え込む、形作る、教える、トレーニングする

調節する　Adjust
慣らす、変換する

調達する　Procure
成し遂げる、協力を求める、募集する

蝶番をはずす　Unhinge
面食らわせる、混乱させる、正気を失わせる、衰弱させる、発狂させる、不安定にする、活力を奪う、障がいを与える、弱らせる、使い果たす、疲労させる、酔わせる、逆上させる、樹液を絞り取る、バランスを失わせる、弱体化させる、不安にさせる、減退させる

ヒント「蝶番（ちょうつがい）」はドアを開閉するための建具で、蝶のつがいのように見える。蝶番をゆるめるとドアはぐらつき、支えを失って倒れてしまう。「Unhinge」には「人を錯乱に陥れる」という意味もあり、まさにそのようなイメージだ。

調停に持ち込む　Arbitrate
判決を下す、裁く、仲立ちする、レフェリー（審判）をする、アンパイア（審判）をする

176

挑発する
Provoke [2]

教唆する、無礼な言動をする、さらに悪化させる、むっとさせる、敵にまわす、餌を仕掛ける、生じさせる、あえて〜する、逆らう、激怒させる、事を荒立てる、たきつける、燃え立たせる、波立たせる、電気ショックを与える、発生させる、嫌がらせをする、どなりつける、そそのかす、激高させる、火付け役となる、飽き飽きさせる、いらいらさせる、逆上させる、モチベーション（動機）を与える、つきまとう、いびる、促進する、速める、なじる、苦しめる、引き金を引く、覚醒させる、じらす

調和させる
Harmonise

整える、癒す、収拾する、和解させる、居場所を与える、なごませる

著名にする
Distinguish

飾る、向上させる、美化する、優雅にする、尊ぶ

ちょろまかす
Pilfer

くすねる、かすめ取る、持ち去る、強奪する、盗む

治療する
Doctor [2]

アドバイスする

鎮圧する
Quell

落ち着かせる、征服する、感覚を失わせる、打倒する、取り壊す、破壊する、寝かしつける、とりなす、耐え切れなくさせる、あやす、制圧する、静かにさせる、抑圧する、沈黙させる、なごませる、もみ消す、抑える、意のままに操る、押し殺す、破る

陳情する
Petition

切望する、泣きつく、思い起こさせる

鎮静剤を打つ
Sedate

落ち着かせる、ゆるませる、居場所を与える、しらふにさせる、沈静する

あ
か
さ
た
な
は
ま
や
ら
わ

沈静する　　　　　　　　　　Tranquillise

やわらげる、苦痛を軽減する、なだめる、緩和する、落
ち着かせる、感覚を失わせる、打ち明ける、ゆるませる、
晴れやかにする、寝かしつける、あやす、静かにさせる、
リラックスさせる、鎮静剤を打つ、居場所を与える、な
めらかにする、なごませる

沈没させる　　　　　　　　　　Submerge

埋める、溺れさせる、撃破する、圧倒する、押し殺す、
水没させる

沈黙させる　　　　　　　　　　Silence

落ち着かせる、歯止めをかける、猿ぐつわをかませる、
黙らせる、寝かしつける、マフラーで覆う、音を弱める、
口止めする、鎮圧する、静かにさせる、抑圧する、もみ
消す、おとなしくさせる、止める、抑える、押し殺す、
のどを絞める

追跡する　　　　　　　　　　Track

一緒に行く、追いかける、ついて行く、狩る、追い求め
る、ストーカー行為をする

ついて行く　　　　　　　　　　Follow

一緒に行く、追いかける、追い求める、ストーカー行為
をする、追跡する、跡をたどる

憑いて何かをさせる　　　　　　Possess

封じ込める、コントロールする、留め置く、宿る、手に
入れる、所有する、急につかむ

通知する　　　　　　　　　　Notify

アドバイスする、注意を喚起する、連絡する、用心させる

杖やステッキで叩く　　　　　　Cane

打つ、木の枝で叩く、おしおきする、ひっぱたいて何か
をさせる、がんじがらめにする、お尻をひっぱたく、鞭
打つ

使い果たす　Exhaust

衰弱させる、枯渇させる、活力を奪う、減少させる、障がいを与える、水を抜く、中身を出してからっぽにする、気力を弱める、弱らせる、疲労させる、貧乏にする、能力を奪う、へとへとにする、乳を搾る、縮小する、樹液を絞り取る、飽きさせる、蝶番をはずす、減退させる、うんざりさせる

使う　Use²

展開する、雇用する、役立たせる

仕える　Serve

補助する、手を貸す、アテンド（同行）する、ついて行く、手伝う、従う、義務づける

つかみ取る　Grab

捕獲する、キャッチする、しっかり握る、抱き合う、把握する、握りしめる、引き抜く、引く、急につかむ、ひったくる、強く引く、ねじり取る、もぎ取る

突き刺す　Pierce

口火を切る、切る、ドリルで穴を開ける、刺し貫く、ナイフで刺す、槍で突く、貫通させる、穴を開ける、ちくりと刺す、パンクさせる、細長く切る、串刺しにする、犬釘を打ちつける、ぐさりと刺す

付き添う　Chaperone

一緒に行く、アテンド（同行）する、エスコートする、保護する、守る、見張り番をする

突き出す　Thrust

駆動する、先へ進ませる、押し売りする、前へ押し出す、押す

突き立てる　Dig

ジャブを打つ、棒でつつく

つきまとう Nag

むっとさせる、せがむ、包囲攻撃する、恫喝する、いじめる、お灸をすえる、小言を言う、批判する、嫌がらせをする、うるさく催促する、わずらわせる、どなりつける、尻に敷く、しつこく責める、いらいらさせる、密告する、いびる、神経を逆なでする、くどくどと文句を言う、駄々をこねる、疫病にかからせる、挑発する、動揺させる、叱る、苦しめる、じらす

憑く Haunt

呪う、乱す、ぎくりとさせる、迷惑をかける、強く勧める、心配させる

> **ヒント** 「Haunt」は「ホーンテッド・ハウス（お化け屋敷）」という名称でおなじみ。「憑く」という動作の本質は「ネガティブな記憶を相手にずっととどめさせる」ことにある。相手の心理や精神に強くはたらきかけるエネルギーが求められるだろう。

突く Poke

ジャブを打つ、肘で軽く突いて注意を促す、探る、棒でつつく、押す、押しのける、なじる、もったいぶる

つけ込む Gull

うまいことを言って惑わせる、ずるいことをする、ぺてんにかける、思い込ませる、カモにする、だます、一杯食わせる、目をくらます、かつぐ、わざと判断を誤らせる、出し抜く、かたる、トリックを仕掛ける

つっかえ棒をする Brace

武装させる、活を入れる、テコ入れする、丈夫にする、サポートする

つっかかる Impugn

虐待する、声をかける、攻め立てる、襲う、攻撃する、がみがみ言う、黒く塗る、爆破する、問責する、中傷する

つつく Pick [2]

えぐる、引く、引っかく

突っ込む Plunge

水を浴びせる、溺れさせる

包み隠す　　　　　　　　　　**Shroud**

薄暗くする、影を落とす、囲い込む、くるむ、包む、包み込む、見えにくくする、見劣りさせる、見えないようにする、包帯を巻く、ベールをかける、巻きつける

包み込む　　　　　　　　　　**Enwrap**

留め金で留める、迎え入れる、輪で囲む、囲い込む、網羅する、くるむ、包む、支える、包み隠す、包帯を巻く、巻きつける

包む　　　　　　　　　　　　**Envelop**

吸収する、周囲を回る、周囲に境界線を引く、留め金で留める、食い尽くす、浴びせかける、溺れさせる、取り巻く、輪で囲む、囲い込む、網羅する、くるむ、飲み込む、注意を奪う、包み込む、支える、ハグする、圧倒する、包み隠す、取り囲む、水没させる、包帯を巻く、巻きつける

つないだ紐を放す　　　　　　**Unleash**

苦労をなくす、もつれを解く、束縛を解く、独立させる、自由にする、解き放つ、荷を下ろす、鎖をはずす、足枷をはずす、ほどく

つながりを断つ［複］　　　　**Disconnect**

孤立させる

つねる　　　　　　　　　　　**Pinch** [1]

ぎゅっと噛む、ぎゅっと握る

翼を傷つける　　　　　　　　**Wing**

障がいを与える、妨げる、痛手を負わせる

つまみ取る　　　　　　　　　**Pinch** [2]

くすねる、かすめ取る、持ち去る、強奪する、盗む、かっさらう

あ
か
さ
た
な
は
ま
や
ら
わ

詰まらせる　Clog

ブロックする、重荷を負わせる、渋滞させる、かすがい
で留める、動きを邪魔する、阻止する、不利な立場に立
たせる、妨げる、進行を遅らせる、妨害する、圧迫する、
過剰な負担をかける、手間取らせる

罪や落ち度があることを示す　Condemn

責める、酷評する、問責する、有罪判決を出す、批判す
る、呪う、悪態をつく、ののしる、けなす、告発する、
非合法化する、罰する、門前払いする、たしなめる

罪を負わせる　Incriminate

告訴する、責める、とがめる、巻き込む、没頭させる

詰め込む　Lodge

場を提供する、押し込む

詰める　Stuff

満たす、補充する、堪能させる

強く勧める　Urge

生命を吹き込む、ブーストする、強制的にさせる、駆動
する、励ます、施行する、切望する、余儀なくさせる、
転送する、扇動する、急がせる、憑く、押しやる、そそ
のかす、影響を与える、モチベーション（動機）を与え
る、納得させる、ごり押しする、せっつく、プッシュす
る、速める、急に動かす、拍車をかける、丈夫にする、
拍車をかける、刺激する

強く引く　Tug

引き出す、つかみ取る、動かす、引く、ねじり取る、も
ぎ取る、ぐいっと引っぱる

強く抱擁する　Clinch

留め金で留める、抱き合う、ハグする、ぎゅっと握る

吊り下げる　Suspend[1]

ぶらさげる

182

釣る　Hook

キャッチする、従事させる、罠にかける、はめる、誘い出して捕まえる、陥れる

ヒント ハリウッドの脚本用語で「フック」は読み手や観客の関心を引くために物語の冒頭で仕掛ける「つかみ」を指す。

手足を切断する　Dismember

ばらばらに切断する

手当てをする　Treat[2]

治す、癒す、修繕する、矯正する

手荒く扱う　Manhandle

虐待する、痴漢行為をする

停学処分にする　Suspend[2]

退ける、解雇する

抵抗する　Resist

挑む、立ち向かう、否認する、妨害する、受け流す、門前払いする、追い払う

停止させる　Arrest[2]

身柄を拘束する、凍らせる、立ち止まらせる、動けなくする、感覚を奪う、麻痺させる、止める、気絶させる

提唱する　Advocate

教唆する、補助する、承認する、後押しする、ブーストする、擁護する、励ます、推奨する、えこひいきする、転送する、先へ進ませる、パトロンになる

訂正する　Correct

改める、お灸をすえる、修正する、改善する、穏やかにさせる、改心させる、叱りつける、たしなめる

定例化する　Regularise

復員させる、正常化する、規則正しくする

あ
か
さ
た
な
は
ま
や
ら
わ

183

敵意を取り除く　　　　　　　　Conciliate

なだめる、課する、とりなす、あやす、鎮める、懐柔する、なごませる

適合させる　　　　　　　　　　Match

等しくする、合流する、受け流す

敵にまわす　　　　　　　　　Antagonise

さらに悪化させる、むっとさせる、事を荒立てる、嫌がらせをする、わずらわせる、立腹させる、侮辱する、飽き飽きさせる、いらいらさせる、密告する、憤慨させる、挑発する、追い払う

テコ入れする　　　　　　　　Reinforce

増大させる、ブーストする、活を入れる、つっかえ棒をする、強化する、強健にする、改善する、鍛錬する、引き上げる、補充する、安全にする、丈夫にする、サポートする、たくましくする

手錠をかける　　　　　　　　Manacle

鎖でつなぐ、監禁する、動きを邪魔する、奴隷にする、足枷をはめる、留め置く、手や足をねじり上げる、拘束する

鉄拳を食らわせる　　　　　　　Clout

打つ、殴り飛ばす、叩く、ぺちんと叩く

撤退する　　　　　　　　　Disengage

片付ける、放免する、苦労をなくす、もつれを解く、束縛を解く、独立させる、自由にする、解き放つ、解除する、荷を下ろす、鎖をはずす、ゆるめる、制限を取り払う、留め金をはずす、足枷をはずす、ほどく

手伝う　　　　　　　　　　　　Help

教唆する、補助する、苦痛を軽減する、手を貸す、後押しする、味方になる、ブーストする、励ます、えこひいきする、転送する、育てる、先へ進ませる、ガイドする、癒す、看病する、パトロンになる、促進する、安心させる、矯正する、復元する、仕える、丈夫にする、救援する、サポートする、家庭教師をする

徹底的に調べる　Scrutinise

分析する、解剖する、検討する、検査する、捜査する、探る、研究する、厳しく吟味する

撤廃する　Abolish

撃滅させる、破壊する、解散させる、根絶する、無にする

手で受ける　Cup

支える

手なずける　Tame

規律に従わせる、意のままに操る、加減する

手に入れる　Obtain

協力を求める、憑いて何かをさせる

手ほどきをする　Initiate

活性化する、認める、就任させる

手間取らせる　Retard

詰まらせる、動きを邪魔する、阻止する、不利な立場に立たせる、妨げる、悪くする、進行を遅らせる、不便をかける、妨害する、過剰な負担をかける、背負わせる、自由を奪う

手招きする　Beckon

魅惑する、引き寄せる、指図する、呼ぶ、引き出す、気を引く、招く、おびき寄せる、引く、合図を送る、出頭を命じる

手や足をねじり上げる　Pinion

縛り上げる、鎖でつなぐ、監禁する、奴隷にする、足枷をはめる、動けなくする、手錠をかける、拘束する、縛る

照らす　Light

景気をつける、燃え立たせる、火をつける、真っ赤にする、輝かせる、引き金を引く

あ
か
さ
た
な
は
ま
や
ら
わ

テロの恐怖に陥れる　Terrorise

恐れを引き起こす、警報を伝える、脅迫する、いじめる、危険を及ぼす、ぎくりとさせる、ハイジャックする、恐怖を感じさせる、威嚇する、危機に追い込む、身をすくませる、圧迫する、呆然とさせる、疫病にかからせる、怖がらせる、ぞっとさせる、脅かす

手を貸す　Assist

教唆する、補助する、後押しする、活を入れる、開拓する、励ます、円滑に処理する、えこひいきする、転送する、先へ進ませる、手伝う、改善する、看病する、促進する、安心させる、復元する、救う、支持する、仕える、拍車をかける、丈夫にする、救援する、サポートする、持続させる、家庭教師をする

手を染めさせる　Taint

混ぜ物をする、塗りたくる、黒く塗る、美を損なわせる、くじく、汚す、堕落させる、ダメージを与える、劣化させる、美観を汚す、汚れをつける、面目を失わせる、名誉を汚す、反則を犯す、悪くする、感染させる、台なしにする、毒を盛る、汚染する、恥ずかしい思いをさせる、塗りつける、貶める、腐らせる、しみをつける

手を伸ばす　Reach

アクセスする、手中に収める

展開する　Deploy

活性化する、雇用する、使う、役立たせる

電気ショックを与える　Galvanise

活性化する、生命を吹き込む、高ぶらせる、目を覚まさせる、生命を吹き込む、衝撃を与える、励ます、気合いを入れる、エキサイトさせる、燃え立たせる、さっぱりさせる、発生させる、急に揺さぶる、そそのかす、ひらめきを与える、奮い立たせる、生気を与える、モチベーション（動機）を与える、動かす、触発する、速める、発奮させる、ショックを与える、拍車をかける、はっとさせる、刺激する、かきまわす、スリルを感じさせる、生命力を与える、覚醒させる

転送する　Forward

教唆する、提唱する、補助する、手を貸す、ブーストする、擁護する、励ます、えこひいきする、先へ進ませる、手伝う、パトロンになる、促進する、プッシュする、拍車をかける、丈夫にする、救援する、サポートする、アップグレードする、守り助ける、強く勧める

伝達する　Convey

担う、輸送する

転覆させる　Overthrow

撤廃する、征服する、こなごなにする、打倒する、取り壊す、退ける、王座から降ろす、ひっくり返す、転落させる

転落させる　Topple

退ける、王座から降ろす、転覆させる

問いただす　Catechise

反対尋問する、尋問する、質問する、クイズを出す

問い詰める　Grill

反対尋問する、尋問する、質問する、クイズを出す

ヒント「Grill（グリル）」は肉や魚などを焼き網にのせて直火で焼く調理法。また、灼熱の太陽に照りつけられることも指す。じりじりと、いかにも熱そうなイメージだ。相手はきっと汗をかくだろうが、「問い詰める」側の熱量もまた相当なものに違いない。

動員する　Mobilise

活性化する、生命を吹き込む

恫喝する　Browbeat

いじめる、小言を言う、批判する、嫌がらせをする、どなりつける、尻に敷く、つきまとう、駄々をこねる、叱る、苦しめる

等級を定める　Class

カテゴリーに当てはめる、分類する、格付けする、レッテルを貼る、名前をつける、ランクをつける、採点する、値をつける

あ
か
さ
た
な
は
ま
や
ら
わ

動作を停止させる　Deactivate

麻酔をかける、異端者として非難する、障がいを与える

逃走する　Flee

かわす、すり抜ける、脱出する、ずるい手段を使って逃れる、去る、追い越す

統治する　Govern

司令塔として動く、指揮する、コントロールする、監督する、規律に従わせる、優位に立つ、独裁する、ガイドする、リードする、管理する、思いどおりに動かす、命令する、支配する、舵取りをする

尊ぶ　Honour

高く評価する、称える、大きくする、拍手喝采する、賞を与える、紋章を描く、功績を称える、賛辞を述べる、神聖なものとする、信用する、冠を載せる、高貴にする、著名にする、向上させる、気高くする、祭る（祀る）、高揚させる、えこひいきする、美化する、歓呼して迎える、叙任する、賛美する、重んじる、リスペクトする、敬愛する、見返りを与える、会釈する、祝して乾杯する、宝物にする、大事にする、敬意を示す

同盟を結ぶ　Ally

味方になる、合流する

動揺させる　Ruffle

煽る、むっとさせる、企てを失敗させる、人を不快にする、乱す、めまいを起こさせる、どぎまぎさせる、波立たせる、わずらわせる、飽き飽きさせる、つきまとう、いびる、神経を逆なでする、かき乱す、震えさせる、不安にさせる、じらす

当惑させる　Perplex

まごつかせる、冷静さを失わせる、物思いにふけらせる、途方に暮れさせる、面食らわせる、混乱させる、ぼーっとさせる、乱す、唖然とさせる、あわてさせる、卒倒させる、ぽかんとさせる、嫌がらせをする、支離滅裂にさせる、煙に巻く、ぼんやりさせる、思案させる、切り倒す、迷惑をかける

188

遠ざける　Distance

疎遠にする

度外視する　Disregard

避ける、切る、そむく、やめにする、除く、除外する、無視する、ネグレクトする、見て見ぬふりをする、拒絶する、関与を否定する、そっけなくする

溶かす　Melt

解凍する、武器を奪う、次第に薄れさせる、温める

解き放つ　Liberate

無罪を言い渡す、釈放する、開放的な気分にさせる、復員させる、放免する、苦労をなくす、撤退する、もつれを解く、束縛を解く、独立させる、公民権や参政権を与える、無罪を証明する、容疑を晴らす、自由にする、恩赦する、身請けする、解除する、救助する、救う、容認する、荷を下ろす、鎖をはずす、制限を取り払う、足枷をはずす、つないだ紐を放す、ほどく

説き伏せる　Inveigle

魅惑する、魅了する、おだてる、うっとりさせる、丸め込む、ぺてんにかける、求愛・交際する、おとりを使う、気を引く、はめる、いい気にさせる、おびき寄せる

どぎまぎさせる　Fluster

煽る、悩ませる、混乱させる、企てを失敗させる、心を乱す、狼狽させる、苦悩させる、乱す、めまいを起こさせる、恥をかかせる、あわてさせる、わずらわせる、急き立てる、パニックに陥れる、かき乱す、がたがたと揺らす、動揺させる、不安にさせる、自信をなくさせる、気を動転させる、じらす

度肝を抜く　Astound

びっくりさせる、驚愕させる、まごつかせる、途方に暮れさせる、面食らわせる、ぼーっとさせる、唖然とさせる、たまげさせる、卒倒させる、ショックを与える、よろめかす、かきまわす、ぶつける、気絶させる、神経を鈍らせる、驚かせる

研ぐ　Sharpen
改善する、丈夫にする、生命力を与える

独裁する　Domineer
強要する、コントロールする、統治する、牛耳る、耐え切れなくさせる、支配する、虐げる

独占する　Monopolise
追いつめる、優位に立つ、注意を奪う、独り占めする

特徴づける　Mark [1]
レッテルを貼る

独立させる　Emancipate
開放的な気分にさせる、放免する、苦労をなくす、撤退する、もつれを解く、束縛を解く、公民権や参政権を与える、自由にする、解き放つ、解除する、救助する、鎖をはずす、制限を取り払う、つないだ紐を放す、足枷をはずす、ほどく

毒を塗る　Envenom
疎遠にする、不満を抱かせる、みじめにさせる、毒を盛る、ひねくれさせる

毒を盛る　Poison
疎遠にする、不潔にする、汚す、堕落させる、不満を抱かせる、みじめにさせる、毒を塗る、感染させる、汚染する、ひねくれさせる、手を染めさせる、不順にする

屠殺する　Butcher
征服する、一掃する、殺す、ずたずたにする、皆殺しにする、ばらばらに切断する、惨殺する、切り殺す

閉じ込める　Lock
鎖でつなぐ、確保する、縛る

突入する　Storm
襲う、攻撃する

整える **Align**

収拾する、調和させる

とどめる **Retain** [2]

保全する、待たせる、留め置く、救う

とどめを刺す **Finish** [2]

撃滅させる、打倒する、破壊する、処刑する、一掃する、
完敗させる、破滅させる、終わらせる

どなりつける **Hector**

さらに悪化させる、せがむ、恫喝する、いじめる、小言
を言う、批判する、嫌がらせをする、質問攻めにする、
尻に敷く、威嚇する、やじる、つきまとう、駄々をこね
る、疫病にかからせる、挑発する、叱る、脅かす、苦し
める、心配させる

途方に暮れさせる **Bewilder**

びっくりさせる、驚愕させる、度肝を抜く、まごつかせ
る、冷静さを失わせる、物思いにふけらせる、混乱させ
る、面食らわせる、ぼーっとさせる、あわてさせる、卒
倒させる、ぽかんとさせる、煙に巻く、当惑させる、思
案させる、ショックを与える、切り倒す、気絶させる、
神経を鈍らせる、驚かせる

留め置く **Hold** [3]

停止させる、縛り上げる、捕獲する、鎖でつなぐ、監禁
する、封じ込める、歯止めをかける、待たせる、囲い込
む、奴隷にする、足枷をはめる、隠れ場所を提供する、
独り占めする、刑務所に入れる、手錠をかける、憑いて
何かをさせる、とどめる、拘束する、止める

留め金で留める **Clasp**

強く抱擁する、しっかり握る、抱き合う、くるむ、包む、
包み込む、支える、押し当てる、急につかむ、ぎゅっと
握る、包帯を巻く、巻きつける

留め金をはずす **Unhook**

撤退する、解除する

あ
か
さ
た
な
は
ま
や
ら
わ

左側のタブ: あ か さ た な は ま や ら わ

止める　Stop

身柄を拘束する、逮捕する、法律で禁じる、封鎖する、ブロックする、チェックする、束縛する、しぼませる、待たせる、先んずる、立ち止まらせる、留め置く、動けなくする、進行を遅らせる、不活性化する、させないようにする、横取りする、遮断する、音を弱める、口止めする、妨害する、差し止める、抑圧する、動かないようにする、沈黙させる、引き留める、もみ消す、食い止める

取り入れる　Espouse

受け入れる、養子にする、後押しする、迎え入れる、結婚する、サポートする、娶(めと)る、歓迎する

取り押さえる　Nail

逮捕する、捕獲する、キャッチする、急につかむ

鳥かご・檻・監獄などに入れる　Cage

監禁する、刑務所に入れる、幽閉する

取り囲む　Surround

包囲攻撃する、周囲を回る、周囲に境界線を引く、封じ込める、輪で囲む、囲い込む、網羅する、くるむ、包む、ハグする、巻きつける

取り消す　Revoke

間違っていることを示す、却下する、断つ

とりこにする　Bind[2]

心を奪う、うっとりさせる、慕わせる、関心を引く

取り壊す　Demolish

撃滅させる、めった打ちにする、打ち負かす、爆破する、折る、ブルドーザーで押しつぶす、征服する、こなごなにする、破壊する、打撃を与える、分解する、ぺしゃんこにする、卒倒させる、強打する、撃破する、転覆させる、ひっくり返す、ぶんどる、けちょんけちょんにする、制圧する、鎮圧する、痛めつける、壊滅させる、完敗させる、破滅させる、粉砕する、叩き壊す、押し殺す、破る

取り締まる　　　　　　　　　　　　　　Police

管理する、命令する、規則正しくする、動かないように
する、支配する、守る

トリックを仕掛ける　　　　　　　　　　Trick

うまいことを言って惑わせる、魅了する、ずるいことを
する、ぺてんにかける、欺く、詐欺行為をする、思い込
ませる、カモにする、はめる、だます、つけ込む、一杯
食わせる、目をくらます、かつぐ、操作する、わざと判
断を誤らせる、出し抜く、かたる、陥れる

とりなす　　　　　　　　　　　　　　Mollify

なだめる、緩和する、落ち着かせる、慰める、敵意を取
り除く、充足させる、打ち明ける、ゆるませる、調子を
合わせる、黙らせる、あやす、鎮める、懐柔する、鎮圧
する、静かにさせる、リラックスさせる、なごませる、
甘味をつける、加減する

取り除く　　　　　　　　　　　　　　Remove

払い落とす、解散させる、外に出す、根絶する、避難さ
せる、切除する、一掃する、クビにする

取り戻す　　　　　　　　　　　　　　Regain

奪い返す、回収する、救出する

ドリルで穴を開ける　　　　　　　　　Drill [2]

突き刺す

奴隷にする　　　　　　　　　　　　　Enslave

縛り上げる、鎖でつなぐ、監禁する、動きを邪魔する、
足枷をはめる、留め置く、手錠をかける、手や足をねじ
り上げる、拘束する

トレーニングする　　　　　　　　　　Train

文明化する、コーチする、調子を整える、開拓する、開
発する、規律に従わせる、叩きこむ、教化する、教育す
る、啓発する、親しませる、身なりを整える、ガイドす
る、改善する、教え込む、知識を与える、教授する、助
成する、学校教育を受けさせる、教える、家庭教師をする

ドンとぶつける　　　Bump

ドンドンと叩く、迫る、肘で押す、押し売りする、ジャ
ブを打つ、押し合いへし合いする、強打する、肘で軽く
突いて注意を促す、押す、ショックを与える、肩で押し
のける、押しのける、ぶつける

ドンドンと叩く　　　Bang

殴りつける、棍棒で打つ、打ち負かす、ベルトで打つ、
ドンとぶつける、破裂させる、殴り倒す、平手打ちを食
らわす、金槌で打つ、叩く、強打する、何度も殴る、グー
で殴る、叩きつける、ぴしゃりと打つ、ぺちんと叩く、
お尻をぺんぺん叩く、ぶつける、ごつんと打つ、ばしっ
と叩く、ぶっ叩く

どんよりさせる　　　Addle

煽る、冷静さを失わせる、混乱させる、気を散らす、め
まいを起こさせる

ヒント「Addle」には「人の思考を鈍くさせる、混乱させる」
のほかに「卵を腐らせる」という意味もある。意図的に相手を
「どんよりさせる」動作のヒントに使えるだろうか。視覚や嗅覚、
時間の感覚など、自由に連想してみよう。

ナイフで刺す　Knife

切る、えぐる、刺し貫く、突き刺す、串刺しにする、切りつける、細長く切る、ぐさりと刺す、痛手を負わせる

治す　Cure

癒す、改善する、修繕する、生まれ変わらせる、安心させる、矯正する、補充する、復元する、手当てをする

直す　Fix[2]

改める、修繕する、修理する

仲たがいさせる［複］　Split[1]

二等分する、切断する、分裂させる、分割する、二つに分ける、分ける

仲立ちする　Mediate

判決を下す、調停に持ち込む、アンパイア（審判）をする

仲直りさせる　Heal[2]

調和させる、和解させる、居場所を与える、なごませる

長々と説教する　Harangue

虐待する、熱心に勧める、辛辣に皮肉る、レクチャーする、苦しめる

中身を出してからっぽにする　Empty

枯渇させる、水を抜く、溺れさせる、使い果たす

泣きつく　Implore

乞う、歎願する、切望する、陳情する、ごり押しする、勧誘する

慰める　Comfort

補助する、やわらげる、苦痛を軽減する、なだめる、緩和する、落ち着かせる、元気づける、安らぎを与える、打ち明ける、ゆるませる、大胆にする、励ます、気合いを入れる、嬉しがらせる、鼓舞する、とりなす、養分を与える、あやす、静かにさせる、自信を取り戻させる、リラックスさせる、安心させる、復活させる、やさしく揺する、なごませる、丈夫にする、持続させる

あ
か
さ
た
な
は
ま
や
ら
わ

殴り倒す   Clobber

ドンドンと叩く、めった打ちにする、打つ、ベルトで打つ、拳で殴る、平手打ちを食らわす、金槌で打つ、叩く、強打する、バッシングする、ぴしゃりと打つ、がつんと打つ、ぺちんと叩く、一発お見舞いする、ぶつける、さんざんに打ちのめす、ぶっ叩く

殴りつける   Bash

ドンドンと叩く、めった打ちにする、打ち負かす、叩く、パンチを食らわせる、叩きつける

殴り飛ばす   Clip

鉄拳を食らわせる、叩く、ぺちんと叩く

投げ飛ばす   Fling

放り込む、投球する、前へ押し出す、ぱちんこ（投石器）で飛ばす、投げる、ぽいと放る

投げる   Throw

放り込む、投げ飛ばす、はじき飛ばす、卒倒させる、気を散らす、ものを投げつける、前へ押し出す、ぱちんこ（投石器）で飛ばす、ぽいと放る

なごませる   Soothe

やわらげる、苦痛を軽減する、なだめる、緩和する、落ち着かせる、慰める、収拾する、敵意を取り除く、安らぎを与える、打ち明ける、ゆるませる、調和させる、癒す、黙らせる、晴れやかにする、寝かしつける、とりなす、あやす、鎮める、懐柔する、鎮圧する、静かにさせる、リラックスさせる、居場所を与える、なめらかにする、撫でる、甘味をつける、加減する、沈静する

なじる   Taunt

せがむ、餌を仕掛ける、嫌がらせをする、質問攻めにする、侮辱する、やじる、愚弄する、笑いものにする、いびる、駄々をこねる、突く、挑発する、ばかにする、中傷する、見せびらかしてじらす、もったいぶる、苦しめる

196

なだめる　**Appease**

やわらげる、苦痛を軽減する、緩和する、落ち着かせる、慰める、敵意を取り除く、充足させる、打ち明ける、ゆるませる、黙らせる、気ままにさせる、とりなす、あやす、鎮める、懐柔する、静かにさせる、和解させる、リラックスさせる、安心させる、満足させる、なごませる、おとなしくさせる、甘味をつける、沈静する

納得させる　**Persuade**

魅惑する、断言する、おだてる、丸め込む、説得する、励ます、気を引く、熱心に勧める、扇動する、押しやる、そそのかす、誘導する、ごり押しする、せっつく、発奮させる、強く勧める、勝つ

撫でまわす　**Fondle**

愛撫する、やさしく寄り添う、まさぐる、ハグする、手技を施す、引っかき傷をつける、ぽんと叩く、みだらな手つきで触る、かわいがる、撫でる

撫でる　**Stroke**

ブラシをかける、愛撫する、撫でまわす、マッサージする、ぽんと叩く、みだらな手つきで触る、かわいがる、さする、なごませる、触る

ナビゲートする　**Navigate**

監督する、操作する、舵取りをする、先導する

名前をつける　**Name**

呼びかける、洗礼を施す、呼ぶ、等級を定める

波立たせる　**Fret**

さらに悪化させる、煽る、むっとさせる、せがむ、悩ませる、いらつかせる、苦悩させる、乱す、かき乱す、駄々をこねる、挑発する、機嫌をそこねる、動揺させる、もったいぶる、迷惑をかける、気を動転させる、じらす

なめらかにする　**Smooth**

落ち着かせる、ゆるませる、調子を合わせる、レベルを同じにする、なごませる、沈静する

あ
か
さ
た
な
は
ま
や
ら
わ

舐める Lick

愛撫する

悩ませる Bother

苛む、さらに悪化させる、むっとさせる、餌を仕掛ける、
包囲攻撃する、いらつかせる、重荷を負わせる、懸念さ
せる、気を散らす、苦悩させる、乱す、あわてさせる、
どぎまぎさせる、波立たせる、気をもませる、嫌がらせ
をする、わずらわせる、不便をかける、かき乱す、駄々
をこねる、もったいぶる、迷惑をかける、不安にさせる、
気を動転させる、心配させる

慣らす Acclimatise

適応させる、調節する、習熟させる

慣れさせる Habituate

習慣づける、調子を整える、親しませる、習熟させる

何度も殴る Pound

ドンドンと叩く、めった打ちにする、打ち負かす、金槌
で打つ、けちょんけちょんにする、張り倒す、ぎゅっと
押しつぶす、さんざんに打ちのめす

握りしめる Grip[2]

留め金で留める、しっかり握る、つかみ取る、把握する

二等分する Bisect

分割する、仲たがいさせる、二つに分ける

担う Bear[1]

持ち運ぶ、伝達する、隠れ場所を提供する、肩代わりす
る、サポートする、持続させる、輸送する

入学させる Enroll

指名する、従事させる

入手する　Acquire
手中に収める

荷を下ろす　Unburden
片付ける、放免する、苦労をなくす、撤退する、もつれ
を解く、束縛を解く、自由にする、解き放つ、身請けす
る、解除する、安心させる、救助する、鎖をはずす、制
限を取り払う、つないだ紐を放す、足枷をはずす

認可する　Sanction
肯定する、承認する、根拠を与える、後押しする、大目
に見る、代表者として送り出す、力を与える、可能にさ
せる、推奨する、権限をもたせる、えこひいきする、ラ
イセンスを与える、許可する、批准する、勧める、守る、
サポートする、保証する

人間性を奪う　Dehumanise
邪道に導く

認識する　Recognise
認知する、認める、意味をつかむ、挨拶する、会釈する

妊娠させる　Impregnate
満たす、潜入する、貫通させる、浸透する、レイプする

認知する　Acknowledge
受け入れる、呼びかける、認める、味方になる、挨拶す
る、歓呼して迎える、気づく、受け取る、認識する、賛
辞を送る

認定する　Certify [1]
区分する

拭い去る　Expunge
撃滅させる、キャンセルする、破壊する、消し去る、根
絶する、根こそぎにする、撃破する

抜け駆けする　Outsmart
しのぐ、勝る、出し抜く、追い抜く、陥れる、足を引っ
かけて転ばせる、切り札を出す

あ
か
さ
た
な
は
ま
や
ら
わ

あ	
か	
さ	
た	
な	
は	
ま	
や	
ら	
わ	

盗む　　　　　　　　　　　Steal

私物化する、奪い取る、くすねる、ハイジャックする、かすめ取る、ちょろまかす、つまみ取る、持ち去る、強奪する、かっさらう

塗りたくる　　　　　　　　Besmear

汚す、美観を汚す、汚れをつける、反則を犯す、汚染する、塗りつける、貶める、しみをつける、手を染めさせる

塗りつける　　　　　　　　Smear

塗りたくる、黒く塗る、汚す、美観を汚す、汚れをつける、反則を犯す、汚染する、貶める、しみをつける、手を染めさせる

値打ちを下げる　　　　　　Undercut

減少させる、障がいを与える、弱らせる、間違っていることを示す、破壊工作をおこなう、弱体化させる、減退させる

願いを叶えてやる　　　　　Oblige [2]

便宜を図る、えこひいきする、従う、誓約する、仕える

寝かしつける　　　　　　　Lull

やわらげる、緩和する、落ち着かせる、はぐくむ、黙らせる、あやす、鎮圧する、静かにさせる、安心させる、居場所を与える、沈黙させる、なごませる、沈静する

ネグレクトする　　　　　　Neglect

避ける、捨てる、度外視する、無視する、門前払いする

ヒント「ネグレクト」とは無視すること、おろそかにすること。子どもや高齢者などのケアを怠ることとして日本でも定着しつつある言葉だ。ただし「食事や衣服を与えない」「病院に連れて行かない」といった「しない」ことの表現は難しい。はっきり伝わるように配慮しよう。

根こそぎにする　　　　　　Extirpate

撃滅させる、キャンセルする、破壊する、消し去る、根絶する、切除する、拭い去る、撃破する

200

ねじ曲げる　　　　　　　　Contort

曲げる、ゆがめる、改良する、邪道に導く、ねじる、歪曲する

ねじり取る　　　　　　　　Wrench

余儀なくさせる、つかみ取る、引く、強く引く、ねじる、ぐいっと引っぱる

ヒント 「Wrench（レンチ）」はボルトやナットなどを締めつけて固定したり、ゆるめてはずしたりするための道具。自分の手や腕がレンチであるかのようにイメージすると、体の感覚や表情はどう変わるだろうか。感情も変化するかもしれない。

ねじる　　　　　　　　　　Twist

曲げる、ねじ曲げる、変形させる、発狂させる、逸脱させる、はじき飛ばす、部分修正する、邪道に導く、歪曲する、ねじり取る、もぎ取る、搾り取る

根付かせる　　　　　　　　Root

錨で留める、埋め込む、地に足をつけさせる、植える、安定させる、しっかりと押さえる

熱心に勧める　　　　　　　Exhort

余儀なくさせる、扇動する、長々と説教する、嫌がらせをする、押しやる、そそのかす、納得させる、激励する

熱中させる　　　　　　　　Enthral

魅了する、言いなりにさせる、心を奪う、うっとりさせる、歓喜させる、夢中にさせる、魔法をかける、慕わせる、関心を引く、恍惚とさせる、有頂天にさせる、心を捉える、催眠術をかける、興味をそそる、我を忘れさせる、じっと見つめる、呪縛する

値をつける　　　　　　　　Value[2]

鑑定する、留め金で留める、等級を定める、分類する、格付けする、ランクをつける、採点する

能力を奪う　　　　　　　　Incapacitate

折る、機能を損なわせる、衰弱させる、奪う、活力を奪う、障がいを与える、水を抜く、気力を弱める、弱らせる、使い果たす、疲労させる、動けなくする、麻痺させる、制限する、破壊工作をおこなう、樹液を絞り取る、飽きさせる、自信をなくさせる、減退させる

除く　　　　　　　　　　　Eliminate [2]

流刑にする、度外視する、やめにする、外に出す、除外する、除名する、拒絶する

のどを絞める　　　　　　　Throttle

息苦しくさせる、歯止めをかける、猿ぐつわをかませる、沈黙させる、もみ消す、絞め殺す、押し殺す

ののしる　　　　　　　　　Damn

異端者として非難する、黒く塗る、呪う、悪態をつく、罪や落ち度があることを示す

飲み込む　　　　　　　　　Engulf

鷲掴みにする、食い尽くす、浴びせかける、溺れさせる、網羅する、くるむ、注意を奪う、包む、支える、没頭させる、圧倒する、うわの空にさせる、水没させる

ノミネートする　　　　　　Nominate

指名する、指定する、選択する、指示する、選ぶ、選定する

乗り越える　　　　　　　　Overcome

征服する、思いどおりに動かす、圧倒する、ひれ伏させる、抑圧する、克服する

呪う　　　　　　　　　　　Curse

虐待する、苛む、異端者として非難する、言いなりにさせる、小言を言う、罪や落ち度があることを示す、面食らわせる、悪態をつく、ののしる、憑く、侮辱する、疫病にかからせる、冒涜する、脅かす、苦しめる

把握する　　　　　　　　　　　　　Grasp

しっかり握る、抱き合う、輪で囲む、つかみ取る、握り
しめる、急につかむ

配給する　　　　　　　　　　　　　Ration

動かないようにする、制限する

ハイジャックする　　　　　　　　　Hijack

捕獲する、罠にかける、誘拐する、引き抜く、急につか
む、ひったくる、盗む、テロの恐怖に陥れる、脅かす

売春する　　　　　　　　　　　Prostitute

競売にかける、売り歩く、売春の斡旋をする、売る

売春の斡旋をする　　　　　　　　　Pimp

売春する、売る

破壊工作をおこなう　　　　　　Sabotage

機能を損なわせる、ダメージを与える、障がいを与える、
中断させる、能力を奪う、値打ちを下げる、弱体化させる

破壊する　　　　　　　　　　　Destroy

撤廃する、撃滅させる、めった打ちにする、爆破する、
棒で殴って従わせる、折る、キャンセルする、機能を損
なわせる、こなごなにする、取り壊す、奪い取る、打撃
を与える、消し去る、駆除する、根絶する、切除する、
処刑する、拭い去る、一掃する、根こそぎにする、とど
めを刺す、焼却する、殺す、ずたずたにする、殺害する、
無にする、撃破する、ぶんどる、制圧する、鎮圧する、
痛めつける、壊滅させる、完敗させる、破滅させる、粉
砕する、惨殺する、叩き壊す、めちゃくちゃに壊す、器
物破損する、破る、ぶち壊す、やっつける

ばかにする　　　　　　　　　　Ridicule

あざける、質問攻めにする、屈辱を与える、やじる、愚
弄する、かつぐ、笑いものにする、いたぶる、冷笑する、
恥ずかしい思いをさせる、なじる、もったいぶる

鋼で覆う　　　　　　　　　　　　　Steel

強健にする、こわばらせる、たくましくする

吐き気を催させる　　　　　　　　Nauseate

むかつかせる、恐怖を感じさせる、いやな気分にさせる、
追い払う、嫌悪感を感じさせる、気持ちを悪くさせる

はぎ取る　　　　　　　　　　　　Flay

爆破する、皮をむく、皮をはぐ、覆いを取る

迫害する　　　　　　　　　　Persecute

虐待する、苛む、攻撃する、せがむ、餌を仕掛ける、い
じめる、嫌がらせをする、うるさく催促する、しつこく
責める、冷遇する、痴漢行為をする、圧迫する、疫病に
かからせる、追い求める、苦しめる、拷問する、虐げる、
じらす、餌食にする、心配させる

はぐくむ　　　　　　　　　　　Cradle

緩和する、衝撃をやわらげる、支える、寝かしつける、
体をすり寄せる、かわいがる、やさしく揺する、サポー
トする

爆撃する　　　　　　　　　　Bombard

攻め立てる、襲う、攻撃する、めった打ちにする、包囲
攻撃する、爆破する、嫌がらせをする、しつこく責める、
ものを投げつける、駄々をこねる

拍車をかける　　　　　　　　　　Spur

加速させる、生命を吹き込む、高ぶらせる、手を貸す、
目を覚まさせる、ブーストする、駆動する、励ます、エ
ネルギーを与える、転送する、先へ進ませる、電気ショッ
クを与える、発生させる、扇動する、押しやる、そその
かす、ひらめきを与える、モチベーション（動機）を与
える、せっつく、促進する、促す、触発する、プッシュ
する、刺激する、丈夫にする、サポートする、守り助け
る、強く勧める、生命力を与える

拍手喝采する　　　　　　　　　Applaud

高く評価する、承認する、元気づける、功績を称える、お
祝いの言葉を述べる、励ます、絶賛する、美化する、歓呼
して迎える、尊ぶ、褒めちぎる、賛美する、歓迎する

ハグする　　　　　　　　　　　Hug

愛撫する、強く抱擁する、やさしく寄り添う、抱き合う、輪で囲む、囲い込む、網羅する、くるむ、包む、包み込む、撫でまわす、支える、押し当てる、ぎゅっと握る、取り囲む

爆破する　　　　　　　　　　　Blast

攻撃する、酷評する、問責する、批判する、悪態をつく、取り壊す、けなす、破壊する、クビにする、はぎ取る、つっかかる、粉砕する

はぐらかす　　　　　　　　Sidestep

避ける、かわす、すり抜ける、ずるい手段を使って逃れる、追い越す、門前払いする

暴露する　　　　　　　　　　Expose

告訴する、論破する、検出する、正体を見破る、恥ずかしい思いをさせる、皮をはぐ、裸にする、暴く、仮面をはぐ、ベールを取り払う

激しく衝突する　　　　　　　　Dash

めった打ちにする、粉砕する、叩き壊す、ぶつける

励ます　　　　　　　　　Encourage

教唆する、アドバイスする、提唱する、補助する、生命を吹き込む、拍手喝采する、高ぶらせる、手を貸す、断言する、増大させる、後押しする、味方になる、活を入れる、ブーストする、擁護する、元気づける、慰める、安らぎを与える、開拓する、駆動する、大胆にする、気合いを入れる、興味津々にさせる、えこひいきする、食べ物を与える、燃え立たせる、強化する、転送する、育てる、油を注ぐ、先へ進ませる、電気ショックを与える、扇動する、鼓舞する、手伝う、そそのかす、真っ赤にする、影響を与える、ひらめきを与える、奮い立たせる、生気を与える、持ち上げる、モチベーション（動機）を与える、図太くさせる、養分を与える、看病する、養育する、パトロンになる、納得させる、せっつく、促進する、激励する、自信を取り戻させる、復活させる、発奮させる、拍車をかける、刺激する、かきまわす、かき立てる、丈夫にする、救援する、サポートする、持続させる、守り助ける、強く勧める、生命力を与える、遺言を遺す

205

あ

か

さ

た

な

は

ま

や

ら

わ

箱に入れる　Box [2]

とりこにする、追いつめる、束縛する、固定概念に当て
はめる、陥れる

ヒント　「Box（箱）」は言葉どおりの「箱」でなくてかまわない。
相手を壁際に追いつめて、ドンと壁に手をつく「壁ドン」の動
作も自分の体を使って相手を箱に入れているようなものだ。類
語を眺めてみるといろいろな動機も想像できて面白い。

はじき飛ばす　Flip

はじく、ぱちんと鳴らす、投げる、ぽいと放る、ねじる

はじく　Flick

はじき飛ばす、叩く、ジャブを打つ、挨拶のキスをする、
こつんと叩く、タップする、ぽいと放る、触る

ばしっと叩く　Thwack

ドンドンと叩く、めった打ちにする、打ち負かす、お尻
をぺんぺん叩く、ぶつける、脱穀する、ごつんと打つ、
ぶっ叩く

恥をかかせる　Embarrass

人を不快にする、心を乱す、どぎまぎさせる、屈辱を与
える、恥ずかしい思いをさせる

ばしんと叩く　Swat

棍棒で打つ、叩く、こつんと叩く、ぺちんと叩く、打ち
のめす、ぶつける、腕を大きく振って打つ

ヒント　「Swat」はハエや小さな虫を叩く時によく使われる動詞。
相手を自分よりはるかに小さな存在とみなすイメージの参考に
してほしい。

恥ずかしい思いをさせる　Shame

評価を落とす、たらしこむ、誹謗する、美観を汚す、体
面を傷つける、降格させる、安売りする、企てを失敗さ
せる、心を乱す、面目を失わせる、名誉を汚す、恥をか
かせる、暴露する、控えめにさせる、屈辱を与える、笑
いものにする、ばかにする、冷笑する、手を染めさせる

裸にする　　　　　　　　　　　　　Strip

ベルトで打つ、暴露する、金を巻き上げる、荒らしまわる、覆いを取る、服を脱がせる、仮面をはぐ

働かせる　　　　　　　　　　　　　Work

設計する、うまく付き合う、影響を与える、管理する、操る、稼働させる

ぱちんこ（投石器）で飛ばす　　　　Sling

放り込む、投げ飛ばす、前へ押し出す、投げる

ぱちんと鳴らす　　　　　　　　　　Snap

折る、ひびを入れる、はじき飛ばす

発狂させる　　　　　　　　　　Derange

煽る、面食らわせる、不安定にする、逸脱させる、狼狽させる、めまいを起こさせる、悪くする、ぼんやりさせる、かき乱す、邪道に導く、思案させる、迷惑をかける、ねじる、蝶番をはずす、ぐらぐらさせる、気を動転させる

発掘する　　　　　　　　　　　Unearth

発見する

発見する　　　　　　　　　　　Discover

検出する、発掘する

バッシングする　　　　　　　　Lambast

打つ、がみがみ言う、棒で殴って従わせる、酷評する、問責する、殴り倒す、ひっぱたいて何かをさせる、こきおろす、叱責する、叱りつける、叱る、一発お見舞いする、ぶっ叩く

発進させる　　　　　　　　　　Launch

燃え立たせる、電気ショックを与える、前へ押し出す、撃つ

罰する　　　　　　　　　　　　Punish

苛む、報復する、酷評する、お灸をすえる、罪や落ち度があることを示す、降格させる、規律に従わせる、たしなめる、拷問する

発生させる　Generate

活性化する、煽る、高ぶらせる、目を覚まさせる、生じさせる、エネルギーを与える、気合いを入れる、燃え上がらせる、景気をつける、燃え立たせる、電気ショックを与える、そそのかす、真っ赤にする、ひらめきを与える、興味をもたせる、興味をそそる、生気を与える、輝かせる、動かす、促す、触発する、速める、引き上げる、復活させる、発奮させる、スパークさせる、拍車をかける、刺激する、かきまわす、引き金を引く、生命力を与える、覚醒させる

はったりをかける　Bluff

判断力を失わせる、欺く、詐欺行為をする、思い込ませる、だます、一杯食わせる、間違った方向へ導く、わざと判断を誤らせる

はっとさせる　Startle

煽る、警報を伝える、びっくりさせる、驚愕させる、面食らわせる、ぼーっとさせる、衝撃を与える、エキサイトさせる、ぎくりとさせる、電気ショックを与える、急に揺すぶる、怖がらせる、ショックを与える、刺激する、かきまわす、驚かせる、スリルを感じさせる

発奮させる　Rouse

活性化する、煽る、生命を吹き込む、高ぶらせる、目を覚まさせる、奮起させる、ブーストする、明るくする、元気づける、鼻高々にさせる、衝撃を与える、気持ちを高める、大胆にする、励ます、エネルギーを与える、景気をつける、喚起する、エキサイトさせる、うきうきさせる、たきつける、燃え立たせる、さっぱりさせる、電気ショックを与える、発生させる、鼓舞する、情熱を与える、押しやる、そそのかす、真っ赤にする、激高させる、ひらめきを与える、奮い立たせる、生気を与える、急に揺すぶる、図太くさせる、納得させる、触発する、速める、激励する、復活させる、ショックを与える、スパークさせる、刺激する、かきまわす、丈夫にする、スリルを感じさせる、おめかしさせる、高く揚げる、生命力を与える、覚醒させる

派手に描く　　　　　　　　　　Emblazon [1]

絶賛する、美化する、褒めちぎる、賛美する、誇示する、
吹聴する

罵倒する　　　　　　　　　　　Revile

虐待する、告発する、そしる

歯止めをかける　　　　　　　　Curb

ブロックする、面食らわせる、締めつける、束縛する、
封じ込める、コントロールする、やる気をそぐ、遅らせる、
やめさせる、動きを邪魔する、足枷をはめる、猿ぐつわ
をかませる、阻止する、不利な立場に立たせる、立ち止
まらせる、妨げる、留め置く、進行を遅らせる、させな
いようにする、穏やかにさせる、口止めする、妨害する、
圧迫する、静かにさせる、抑圧する、動かないようにする、
制限する、沈黙させる、もみ消す、おとなしくさせる、
抑える、押し殺す、のどを絞める、自由を奪う

パトロンになる　　　　　　　　Patronise [2]

教唆する、提唱する、味方になる、擁護する、励ます、
えこひいきする、転送する、先へ進ませる、助ける、促
進する、保護する、プッシュする、サポートする

鼻高々にさせる　　　　　　　　Elate

生命を吹き込む、ブーストする、明るくする、元気づけ
る、気持ちを高める、エキサイトさせる、うきうきさせ
る、嬉しがらせる、鼓舞する、引き上げる、発奮させる、
高く揚げる

鼻であしらう　　　　　　　　　Snub

放棄する、控えめにさせる、屈辱を与える、無視する、
侮辱する、いやな気分にさせる、村八分にする、見て見
ぬふりをする、門前払いする、軽視する

花輪で囲む　　　　　　　　　　Wreathe

勲章を授ける、輪で囲む、くるむ

鼻をすり寄せる　　　　　　　　Nuzzle

愛撫する、抱き合う

あ
か
さ
た
な
は
ま
や
ら
わ

花をもぎ取る　　　　　Deflower

堕落させる、たらしこむ、美観を汚す、痴漢行為をする、
レイプする、力ずくで奪う

パニックに陥れる　　　　Panic

煽る、警報を伝える、どぎまぎさせる、ぎくりとさせる、
怖がらせる、ぞっとさせる、自信をなくさせる

母親になる　　　　　　Mother

父親になる、育てる、養育する、子育てする

破滅させる　　　　　　Ruin

虐待する、めった打ちにする、機能を損なわせる、こな
ごなにする、ダメージを与える、変形させる、取り壊す、
破壊する、打撃を与える、とどめを刺す、悪くする、貧
乏にする、けがをさせる、完敗させる、粉砕する、腐ら
せる、ぶち壊す

はめる　　　　　　　　Entrap

さらう、餌を仕掛ける、うまいことを言って惑わせる、
ぺてんにかける、欺く、おとりを使う、気を引く、一杯
食わせる、釣る、誘導する、説き伏せる、おびき寄せる、
獲得する、誘惑する、誘い出して捕まえる、トリックを
仕掛ける

速める　　　　　　　　Quicken

加速させる、衝撃を与える、エネルギーを与える、景気
をつける、エキサイトさせる、うきうきさせる、燃え立
たせる、電気ショックを与える、発生させる、扇動する、
急がせる、急き立てる、そそのかす、火付け役となる、
生気を与える、モチベーション（動機）を与える、ごり
押しする、触発する、プッシュする、発奮させる、急に
動かす、刺激する、強く勧める、生命力を与える

払い落とす　　　　　　Dislodge

処分する、解散させる、没収する、外に出す、避難させ
る、除名する、クビにする、失脚させる、取り除く、解
雇する

腹に収める　　　　　　　　　　**Stomach**

順守する、辛抱する、耐える

ばらばらに裂く　　　　　　　　**Splinter**

折る、ひびを入れる、砕く、分裂させる、骨折させる、
砕いて破片にする、粉砕する、割る

ばらばらに切断する　　　　　　**Mutilate**

屠殺する、機能を損なわせる、ダメージを与える、変形
させる、手足を切断する、叩き切る、ずたずたにする

ばらまく　　　　　　　　　　**Disseminate**

破壊する

バランスを失わせる　　　　　　**Unbalance**

酔わせる、中毒にする、蝶番をはずす

バランスをとる　　　　　　　　　**Balance**

反対に作用する、均一にする、地に足をつけさせる、レ
ベルを同じにする、規則正しくする、居場所を与える、
安定させる、しっかりと押さえる

張り合う　　　　　　　　　　　　　**Rival**

挑む

バリケードを築く　　　　　　　**Barricade**

封鎖する、強化する、妨害する、保護する、確保する

張り倒す　　　　　　　　　　　　　**Slug**

棍棒で打つ、めった打ちにする、打ち負かす、ベルトで
打つ、殴り倒す、叩く、強打する、何度も殴る、パンチ
を食らわせる、ぴしゃりと打つ、一発お見舞いする、お
尻をぺんぺん叩く、ごつんと打つ、さんざんに打ちのめ
す、ぶっ叩く

張り出させる　　　　　　　　　　**Swell**

大きくする、増大させる、ブーストする、膨張させる、
上昇させる、高揚させる、満たす、高さを上げる、ふく
らませる、持ち上げる、引き上げる、丈夫にする

あ か さ た な は ま や ら わ

はりつけにする　　　Crucify
処刑する、迫害する

針で刺す　　　Sting
切る、扇動する、傷つける、いびる、ちくりと刺す、棒でつつく、痛手を負わせる

破裂させる　　　Burst
ドンドンと叩く、折る、ひびを入れる、粉砕する、割る

晴れやかにする　　　Lighten
やわらげる、苦痛を軽減する、緩和する、落ち着かせる、元気づける、片付ける、打ち明ける、ゆるませる、嬉しがらせる、鼓舞する、持ち上げる、リラックスさせる、安心させる、なごませる、沈静する

馬勒をはずす　　　Unbridle
解除する

ヒント「馬勒（ばろく）」とは馬につけるくつわや手綱などの馬具。拘束を解かれた馬は本来のダイナミックさや奔放さを取り戻す。人間も同じだ。潜在能力や才能、欲求、興味や感情が荒々しいまでに噴き出すところを想像してみよう。

パロディにする　　　Parody
風刺的に描写する、模造する、物まねする、皮肉る

場を提供する　　　Accommodate [2]
封じ込める、育てる、家をあてがう、寄宿させる、位置につかせる、かくまう

反映する　　　Reflect
人まねをする、複写する、鏡のように写す

挽回する　　　Redeem [1]
救助する、復元する

パンクさせる　　　Puncture
引き下げる、刺し貫く、穴を開ける、突き刺す、ちくりと刺す、ぐさりと刺す

判決を下す　**Adjudicate**

調停に持ち込む、裁く、仲立ちする、レフェリー（審判）
をする、アンパイア（審判）をする

反抗する　**Oppose**

挑む、否認する、やめさせる、門前払いする

反則を犯す　**Foul**

塗りたくる、汚す、美観を汚す、汚れをつける、汚染す
る、塗りつける、貶める、しみをつける、手を染めさせる

反対尋問する　**Cross-examine**

問いただす、挑む、問い詰める、尋問する、インタビュー
する、捜査する、探る、かまをかける、質問する、クイ
ズを出す

反対に作用する　**Counteract**

バランスをとる、中和する

判断力を失わせる　**Blind**

はったりをかける、ぼーっとさせる、幻惑させる、欺く、
気を散らす

パンチを食らわせる　**Punch**

襲う、殴りつける、棍棒で打つ、打ち負かす、ひっぱた
いて何かをさせる、金槌で打つ、叩く、ジャブを打つ、
強打する、張り倒す、ぺちんと叩く、ぶつける、ごつん
と打つ、さんざんに打ちのめす

ぱんぱんにする　**Fill** [1]

ブロックする、栓をする、妊娠させる、埋め込む、止め
る、詰める

氾濫させる　**Inundate**

水没させる

213

控えめにさせる　　　　　　　　　Humble

こらしめる、こなごなにする、劣化させる、引き下げる、体面を傷つける、卑しめる、降格させる、面目を失わせる、格下げする、目立たないようにふるまう、屈辱を与える、下げる、屈服させる、恥ずかしい思いをさせる、鼻であしらう、抑える

比較検討する　　　　　　　　　　Weigh

熟考する、熟慮する、評価する、検討する、測定する、寸法を測る

美化する　　　　　　　　　　　　Glorify

高く評価する、大きくする、拍手喝采する、祝福する、高貴にする、著名にする、向上させる、派手に描く、気高くする、高揚させる、絶賛する、歓呼して迎える、尊ぶ、偶像化する、褒めちぎる、賛美する、誇示する、敬愛する、清らかなものにする、祝して乾杯する、崇拝する

美観を汚す　　　　　　　　　　　Defile

塗りたくる、黒く塗る、汚す、ダメージを与える、評価を落とす、たらしこむ、花をもぎ取る、粗末に扱う、汚れをつける、反則を犯す、悪くする、汚染する、恥ずかしい思いをさせる、塗りつける、貶める、しみをつける、手を染めさせる、違反する

引き上げる　　　　　　　　　　　Raise[1]

大きくする、生命を吹き込む、ブーストする、明るくする、鼻高々にさせる、上昇させる、気高くする、高揚させる、エキサイトさせる、うきうきさせる、発生させる、鼓舞する、高さを上げる、押し上げる、奮い立たせる、持ち上げる、促進する、テコ入れする、丈夫にする、張り出させる、守り助ける、高く揚げる、蜂起させる

引き金を引く　　　　　　　　　　Trigger

活性化する、キューを出す、燃え立たせる、発生させる、火をつける、照らす、促す、触発する、スパークさせる

引き裂く　　　　　　　　　　　　Rip

切る、かきむしる、切りつける、細長く切る、仲たがいさせる、ちぎる

引き下げる　　　　　　　　　　　Deflate

安売りする、がっかりさせる、狼狽させる、気を滅入ら
せる、控えめにさせる、屈辱を与える、乳を搾る、パン
クさせる

引き出す　　　　　　　　　　　　Draw

手招きする、関心を引く、抽出する、引く、強く引く、
ぐいっと引っぱる

引き付ける　　　　　　　　　　Magnetise

引き寄せる、催眠術をかける、おびき寄せる、我を忘れ
させる、引く、じっと見つめる

ヒント「Magnetise」は「磁気を帯びさせる」という意味の動詞。
マグネット（磁石）が砂鉄や釘を引き付けるのはS極とN極の
二つの極が働くからだ。人が互いを引き付けあう時、こうした磁
力のようなものが働いているとしたら、どのような力だろうか？

引き留める　　　　　　　　　　　Stall

脇へそらす、ずるい手段を使って逃れる、立ち止まらせ
る、受け流す、止める

引き抜く　　　　　　　　　　　　Pluck

さらう、捕獲する、キャッチする、しっかり握る、つか
み取る、ハイジャックする、急いで捕まえる、取り除く、
急につかむ、ひったくる

引き寄せる　　　　　　　　　　Attract

魅惑する、手招きする、言いなりにさせる、心を奪う、
うっとりさせる、歓喜させる、夢中にさせる、魔法をか
ける、慕わせる、関心を引く、気を引く、心を捉える、
感心させる、誘導する、興味をそそる、招く、おびき寄
せる、引き付ける、引く、じっと見つめる、誘惑する、
その気にさせる、心地よい刺激を与える、勝つ

引き渡す　　　　　　　　　　　Consign

指定する、預ける

215

引く　Pull

引き寄せる、手招きする、引き出す、抽出する、つかみ取る、引き付ける、動かす、拾う、強く引く、ねじり取る、もぎ取る、ぐいっと引っぱる

低く見積もる　Underestimate

見そこなう

非合法化する　Outlaw

法律で禁じる、流刑にする、罪や落ち度があることを示す、除外する、禁じる、差し止める

肘で押す　Elbow

ドンとぶつける、迫る、押し売りする、ジャブを打つ、押し合いへし合いする、強打する、肘で軽く突いて注意を促す、棒でつつく、押す、押しのける

肘で軽く突いて注意を促す　Nudge

ドンとぶつける、迫る、肘で押す、押し売りする、ジャブを打つ、押し合いへし合いする、強打する、突く、棒でつつく、押す、思い出させる、肩で押しのける、押しのける

ぴしゃりと打つ　Slap

ドンドンと叩く、打ち負かす、殴り倒す、ひっぱたいて何かをさせる、叩く、こつんと叩く、叩きつける、張り倒す、ぺちんと叩く、打ちのめす、一発お見舞いする、ぶつける、さんざんに打ちのめす、ぶっ叩く

批准する　Ratify

肯定する、承認する、根拠を与える、後押しする、擁護する、推奨する、えこひいきする、勧める、認可する、サポートする

引っかき傷をつける　Nick [2]

削る、切る、ダメージを与える、引っかく、痛手を負わせる

引っかく　Scratch

切る、ダメージを与える、引っかき傷をつける、つつく、ちくりと刺す、痛手を負わせる

ひっくり返す　　　　　　　　　　Overturn

取り壊す、転覆させる、革命的に変化させる

びっくりさせる　　　　　　　　　Amaze

驚愕させる、度肝を抜く、まごつかせる、途方に暮れさ
せる、面食らわせる、ぼーっとさせる、幻惑させる、唖
然とさせる、衝撃を与える、たまげさせる、卒倒させる、
感心させる、急に揺すぶる、煙に巻く、ショックを与え
る、よろめかす、はっとさせる、刺激する、かきまわす、
気絶させる、神経を鈍らせる、驚かせる

火付け役となる　　　　　　　　　Instigate

活性化する、エネルギーを与える、押しやる、そそのか
す、モチベーション（動機）を与える、促す、速める、
刺激する

ひったくる　　　　　　　　　　　Snatch

さらう、捕獲する、キャッチする、しっかり握る、つか
み取る、ハイジャックする、急いで捕まえる、引き抜く、
急につかむ

ひっとらえる　　　　　　　　　　Nick [3]

逮捕する、捕獲する、急いで捕まえる

ひっぱたいて何かをさせる　　　　Flog

打つ、ベルトで打つ、木の枝で叩く、棒で殴って従わせ
る、杖やステッキで叩く、酷評する、お灸をすえる、お
しおきする、金槌で打つ、叩く、バッシングする、襲い
かかる、パンチを食らわせる、こつんと叩く、厳しく罰
する、ぴしゃりと打つ、張り倒す、ぺちんと叩く、打ち
のめす、一発お見舞いする、がんじがらめにする、お尻
をひっぱたく、脱穀する、圧勝する、さんざんに打ちの
めす、ぶっ叩く、鞭打つ

否定する　　　　　　　　　　　　Deny

辞退する、断る

ひどい目にあわせる　　　　　　　Savage

襲う、攻撃する、ダメージを与える、袋だたきにする

217

等しくする　　　　　　　　　　Equal
適合させる

人まねをする　　　　　　　　　　Ape
複写する、こだまする、模造する、鏡のように写す、お
うむ返しする、反映する

独り占めする　　　　　　　　　　Hog
私物化する、留め置く、独占する

人を不快にする　　　　　　　Discomfort
恥をかかせる、卒倒させる、かき乱す、動揺させる、迷
惑をかける、気を動転させる

避難させる　　　　　　　　　Evacuate
処分する、放免する、払い落とす、没収する、外に出す、
国外に追放する、除名する、失脚させる、取り除く

皮肉る　　　　　　　　　　　Satirise
風刺的に描写する、当てこすりをする、笑いものにする、
パロディにする

否認する　　　　　　　　　Contradict
打ち消す、反抗する、抵抗する

ひねくれさせる　　　　　　　　Sour
疎遠にする、不満を抱かせる、現実を直視させる、幻滅
させる、みじめにさせる、毒を塗る、毒を盛る

ヒント「Sour」の意味は「酸っぱくさせる」。食べ物が腐ると酸っ
ぱくなることから「不機嫌にさせる」「気難しくさせる」とい
う意味になる。もともとはおいしそうだったものが、頼まれて
も口にしたくないものに変わるのだ。

非の打ちどころをなくす　　　　Perfect
冠を載せる、開拓する、開発する、磨きをかける

批判する　Criticise

分析する、鑑定する、査定する、攻撃する、責める、爆破する、恫喝する、酷評する、問責する、小言を言う、罪や落ち度があることを示す、けなす、告発する、嫌がらせをする、どなりつける、尻に敷く、こきおろす、つきまとう、こてんぱんに打ちのめす、叱る

ひびを入れる　Crack [2]

折る、破裂させる、骨折させる、粉砕する、ぱちんと鳴らす、ばらばらに裂く、割る、ぶつける

誹謗する　Defame

虐待する、告訴する、責める、ダメージを与える、過小評価する、告発する、信用を落とす、面目を失わせる、名誉を汚す、軽んじる、気を滅入らせる、悪く言う、こきおろす、悪口を言う、恥ずかしい思いをさせる、中傷する、光沢を損なう、そしる

ひもとく　Unravel

解読する、もつれを解く、ほどく

ヒューズを取り付ける　Fuse

接着する、合流する

評価する　Evaluate

分析する、鑑定する、査定する、熟考する、熟慮する、見積もる、測定する、寸法を測る、比較検討する

評価を落とす　Debase [1]

体面を傷つける、面目を失わせる、名誉を汚す、控えめにさせる、屈辱を与える、下げる、縮小する、恥ずかしい思いをさせる、減退させる

表面を磨く　Buff

ブラシをかける、こする

平手打ちを食らわす　Cuff

ドンドンと叩く、めった打ちにする、打つ、ベルトで打つ、拳で殴る、殴り倒す、叩く、強打する、ぺちんと叩く、一発お見舞いする、ぶつける、ぶっ叩く

ひらめきを与える　Inspire

生命を吹き込む、高ぶらせる、目を覚まさせる、明るくする、元気づける、大胆にする、励ます、気合いを入れる、燃え上がらせる、景気をつける、エキサイトさせる、うきうきさせる、燃え立たせる、電気ショックを与える、発生させる、鼓舞する、熱くさせる、火をつける、押しやる、そそのかす、真っ赤にする、影響を与える、奮い立たせる、生気を与える、輝かせる、モチベーション（動機）を与える、前へ押し出す、触発する、激励する、発奮させる、スパークさせる、拍車をかける、刺激する、かきまわす、生命力を与える

ひれ伏させる　Prostrate

征服する、乗り越える

疲労させる　Fatigue

衰弱させる、枯渇させる、奪う、活力を奪う、減少させる、水を抜く、気力を弱める、弱らせる、使い果たす、嫌がらせをする、能力を奪う、へとへとにする、樹液を絞り取る、飽きさせる、蝶番をはずす、減退させる、うんざりさせる

火を消す　Extinguish

撃滅させる、曇らせる、影を薄れさせる、根絶する、見えにくくする、息もつけないようにする、絞め殺す、押し殺す

ヒント 火の消し方はさまざまだ。消火器のレバーを引いて噴射する。ロウソクの火をふっと吹き消す。水をばしゃっとかける。イメージに合わせてセリフを言えばバラエティに富んだ表現ができるだろう。

美を損なわせる　Blemish

虐待する、堕落させる、ダメージを与える、外観を傷つける、悪くする、台なしにする、傷跡を残す、手を染めさせる、器物破損する

火をつける　Ignite

目を覚まさせる、明るくする、燃え上がらせる、燃え立たせる、真っ赤にする、ひらめきを与える、輝かせる、照らす、スパークさせる、引き金を引く

品位を落とす — Compromise

乱す、紛糾させる、動きを邪魔する、危険を及ぼす、罠にかける、危険に晒す、巻き込む、リスクに晒す、脅かす、弱体化させる

貧乏にする — Impoverish

折る、機能を損なわせる、衰弱させる、枯渇させる、奪う、減少させる、水を抜く、骨抜きにする、気力を弱める、使い果たす、縮小する、破滅させる、樹液を絞り取る、減退させる

不安定にする — Destabilise

脱線させる、発狂させる、錯乱させる、ぐらぐらさせる

不安にさせる — Unsettle

煽る、悩ませる、混乱させる、狼狽させる、乱す、めまいを起こさせる、あわてさせる、どぎまぎさせる、かき乱す、がたがたと揺らす、動揺させる、ショックを与える、迷惑をかける、蝶番をはずす、自信をなくさせる、ぐらぐらさせる、気を動転させる、心配させる

吹聴する — Trumpet

派手に描く、絶賛する、褒めちぎる、賛美する、誇示する、会釈する、祝して乾杯する

不意に襲撃する — Raid

襲う、攻撃する、侵略する、荒らしまわる、急につかむ

封鎖する — Bar

法律で禁じる、バリケードを築く、ブロックする、ボイコットする、無効にする、除外する、禁じる、阻止する、妨げる、進行を遅らせる、遮断する、妨害する、差し止める、制限する、止める

封じ込める — Contain

場を提供する、コントロールする、歯止めをかける、囲い込む、網羅する、留め置く、憑いて何かをさせる、包含する、取り囲む

左側のタブ: あ か さ た な **は** ま や ら わ

風刺的に描写する　　Caricature

模造する、物まねする、パロディにする、皮肉る

ブーストする　　Boost

教唆する、提唱する、大きくする、補助する、生命を吹き込む、増大させる、活を入れる、明るくする、元気づける、賛辞を述べる、膨張させる、鼻高々にさせる、気持ちを高める、励ます、増進する、高揚させる、エキサイトさせる、うきうきさせる、拡張する、えこひいきする、転送する、育てる、先へ進ませる、鼓舞する、高さを上げる、手伝う、改善する、ふくらませる、激化させる、生気を与える、持ち上げる、養分を与える、看病する、促進する、引き上げる、テコ入れする、見返りを与える、発奮させる、拍車をかける、刺激する、丈夫にする、サポートする、張り出させる、たくましくする、高く揚げる、強く勧める

深い切り傷をつける　　Gash

切り開く、切る、えぐる、切り込む、かきむしる、切りつける、細長く切る、ちぎる、痛手を負わせる

不活性化する　　Inactivate

凍らせる、動けなくする、感覚を奪う、止める

武器を奪う　　Disarm

障がいを与える、次第に薄れさせる、溶かす、打ち解けさせる、自信をなくさせる、減退させる、勝つ

復員させる　　Demobilise

解き放つ、正常化する、定例化する

復元する　　Restore

補助する、苦痛を軽減する、手を貸す、治す、景気をつける、さっぱりさせる、癒す、手伝う、修繕する、分解検査する、再建する、回収する、再調整する、再構築する、水につけて戻す、挽回する、改心させる、生まれ変わらせる、リハビリをする、新しくする、リフォームする、修理する、補充する、元の状態に戻す、復興させる、復活させる、救済する、丈夫にする

複写する　Copy

人まねをする、こだまする、見習う、模造する、物まねする、鏡のように写す、おうむ返しする、反映する

服の上から身体検査する　Frisk

裏をかく、チェックする、検査する、捜索する

含める　Include

網羅する、課する、組み入れる、まとめる、没頭させる

ふくらませる　Inflate

大きくする、増大させる、ブーストする、膨張させる、拡張する、張り出させる

袋だたきにする　Maul

攻撃する、めった打ちにする、打つ、撫でまわす、えぐる、まさぐる、悪くする、ずたずたにする、操る、ひどい目にあわせる、痛手を負わせる

服を脱がせる　Undress

裸にする、覆いを取る

不潔にする　Befoul

毒を盛る、汚染する

不純にする　Vitiate

汚す、堕落させる、劣化させる、毒を盛る

腐食する　Corrode

砕く、次第に薄れさせる、蝕む

侮辱する　Insult

虐待する、無礼な言動をする、敵にまわす、打撲傷を負わせる、呪う、悪態をつく、体面を傷つける、過小評価する、傷つける、けがをさせる、やじる、笑いものにする、いやな気分にさせる、憤慨させる、中傷する、軽視する、鼻であしらう、なじる、痛手を負わせる

不信感を抱く	**Disbelieve**

怪しむ

武装させる	**Arm**

つっかえ棒をする、弁護する、力を与える、備え付ける、
興味をもたせる、準備する、事前に教える、保護する、
丈夫にする

再び集める	**Reassemble** [2]

呼び集める

二つに分ける［複］	**Sunder**

二等分する、切断する、分割する、分ける、仲たがいさせる

負担する	**Bear** [2]

順守する、我慢する、こらえる、腹に収める、辛抱する、
サポートする、耐える

ぶち壊す	**Wreck**

たらしこむ、破壊する、打撃を与える、ずたずたにする、
ぶんどる、痛めつける、力ずくで奪う、破滅させる、粉
砕する

復活させる	**Revive**

補助する、生命を吹き込む、高ぶらせる、目を覚まさせ
る、充電する、元気づける、慰める、励ます、景気をつ
ける、さっぱりさせる、発生させる、鼓舞する、奮い立
たせる、生気を与える、持ち上げる、リフレッシュさせ
る、生まれ変わらせる、再燃させる、リフォームする、
復元する、蘇生させる、復興させる、発奮させる、おめ
かしさせる

ぶつける　　　　　　　　　　　　　　Strike

襲う、度肝を抜く、攻撃する、ドンドンと叩く、棍棒で
打つ、めった打ちにする、ドンドンと叩く、打ち負かす、
折る、ドンとぶつける、体当たりする、殴り倒す、頭を
殴る、平手打ちを食らわす、切る、激しく衝突する、金
槌で打つ、叩く、襲いかかる、ものを投げつける、パン
チを食らわせる、激突する、こつんと叩く、叩きつける、
ぴしゃりと打つ、切りつける、張り倒す、ぺちんと叩く、
一発お見舞いする、お尻をぺんぺん叩く、石を投げつけ
る、気絶させる、ばしんと叩く、腕を大きく振って打つ、
タップする、脱穀する、ごつんと打つ、ばしっと叩く、
さんざんに打ちのめす、ぶっ叩く、痛手を負わせる

復興させる　　　　　　　　　　　　Revitalise

うきうきさせる、さっぱりさせる、鼓舞する、リフレッ
シュさせる、復元する、蘇生させる、復活させる、おめ
かしさせる

プッシュする　　　　　　　　　　　Push [2]

擁護する、転送する、先へ進ませる、扇動する、急がせ
る、押しやる、モチベーション（動機）を与える、パト
ロンになる、促進する、強く勧める

ぶっ叩く　　　　　　　　　　　　　Whack

ドンドンと叩く、めった打ちにする、打ち負かす、ベルト
で打つ、拳で殴る、殴り倒す、平手打ちを食らわす、ひっ
ぱたいて何かをさせる、金槌で打つ、叩く、バッシングす
る、ぴしゃりと打つ、張り倒す、ぺちんと叩く、打ちのめ
す、一発お見舞いする、お尻をぺんぺん叩く、ぶつける、
ごつんと打つ、ばしっと叩く、さんざんに打ちのめす

ヒント 叩くアクションや殴るアクションを表す言葉はたくさ
んある。中でも「Whack」は激しく殴りつける動きを指す。
「ワック」という発音からイメージできる動きはどうだろうか。

部分修正する　　　　　　　　　　　Modify

作用する、改ざんする、改める、ねじ曲げる、悪くする、
改善する、邪道に導く、改心させる、ねじる、歪曲する、
減退させる

不便をかける　Inconvenience

悩ませる、重荷を負わせる、動きを邪魔する、阻止する、不利な立場に立たせる、妨げる、進行を遅らせる、過剰な負担をかける、手間取らせる、背負わせる、自由を奪う

不満足にさせる　Dissatisfy

がっかりさせる、心を乱す、気を悪くさせる、乱す、気を動転させる

不満を抱かせる　Disaffect

がっかりさせる、幻滅させる、みじめにさせる、毒を塗る、毒を盛る、ひねくれさせる

踏みつける　Trample

打ち負かす、ぺしゃんこにする、圧迫する、ぎゅっと押しつぶす

踏みにじる　Override

立ち退かせる、間違っていることを示す

ふやかす　Soak

水を浴びせる、水浸しにする、しみ込ませる、飽和状態にする

ぶらさげる　Dangle

吊り下げる

ブラシをかける　Brush

表面を磨く、愛撫する、身なりを整える、キスする、撫でる、触る

ヒント 小道具のブラシを使うだけでなく、さっと軽く手で払う仕草やそよ風のようにやさしく髪などを撫でる動作も含まれる。

フラストレーションを与える　Frustrate

さらに悪化させる、まごつかせる、悪魔憑きにさせる、面食らわせる、立ち向かう、機能を損なわせる、打倒する、がっかりさせる、理解できないことをする、脱出する、裏をかく、先んずる、立ち止まらせる、嫌がらせをする、妨げる、させないようにする、中和する、無意味にする、苦しめる

ふらつかせる　　Wobble

乱す、震撼させる、弱体化させる

不利な立場に立たせる　　Handicap

重荷を負わせる、詰まらせる、かすがいで留める、歯止
めをかける、動きを邪魔する、阻止する、妨げる、悪く
する、進行を遅らせる、不便をかける、限度を設ける、
妨害する、過剰な負担をかける、制限する、手間取らせ
る、背負わせる、自由を奪う

奮い立たせる　　Inspirit

活性化する、生命を吹き込む、断言する、明るくする、
元気づける、衝撃を与える、大胆にする、励ます、エネ
ルギーを与える、気合いを入れる、景気をつける、エキ
サイトさせる、うきうきさせる、燃え立たせる、電気ショッ
クを与える、鼓舞する、熱くさせる、情熱を与える、そ
そのかす、真っ赤にする、ひらめきを与える、生気を与
える、モチベーション（動機）を与える、図太くさせる、
引き上げる、激励する、自信を取り戻させる、生まれ変
わらせる、復活させる、発奮させる、刺激する、かきま
わす、丈夫にする、高く揚げる、生命力を与える

震えさせる　　Shake

煽る、打ち負かす、急に揺すぶる、がたがたと揺らす、
動揺させる、かきまわす、自信をなくさせる

ブルドーザーで押しつぶす　　Bulldoze

残忍な仕打ちをする、いじめる、取り壊す、ぺしゃんこに
する、圧力をかける、壊滅させる、ぎゅっと押しつぶす

ヒント 威圧感のあるキャラクターや強い権力をもつキャラクター
に。人物像に合わせてブルドーザーを他の車種に変えてイメー
ジしてみてもいいだろう。

無礼な言動をする　　Affront

とがめる、体面を傷つける、侮辱する、憤慨させる、挑
発する、中傷する、軽視する

プレッシャーをかける　　Pressure

おだてる、余儀なくさせる、扇動する、ごり押しする、
圧力をかける

あ
か
さ
た
な
は
ま
や
ら
わ

プログラムする　　　Programme

コントロールする

ブロックする　　　Block

逮捕する、法律で禁じる、封鎖する、捕獲する、面食らわせる、立ち向かう、歯止めをかける、遅らせる、抑止する、すり抜ける、先んずる、フラストレーションを与える、猿ぐつわをかませる、立ち止まらせる、阻止する、不利な立場に立たせる、妨げる、進行を遅らせる、させないようにする、横取りする、遮断する、妨害する、差し止める、排斥する、動かないようにする、制限する、止める、切り倒す、食い止める

分解検査する　　　Overhaul

修理する、復元する

憤慨させる　　　Outrage

無礼な言動をする、敵にまわす、むかつかせる、激怒させる、恐怖を感じさせる、立腹させる、激高させる、侮辱する、逆上させる、いやな気分にさせる、愛想をつかせる、ショックを与える、中傷する

分解する　　　Dismantle

構造を解体する、取り壊す

分割する［複］　　　Divide

二等分する、切断する、分裂させる、分ける、仲たがいさせる、二つに分ける

奮起させる　　　Bestir

発奮させる、目覚めさせる

紛糾させる　　　Embroil

品位を落とす、面食らわせる、乱す、網にからませて捕らえる、罠にかける、絡めとる、巻き込む、没頭させる、ぼんやりさせる、誘い出して捕まえる

粉砕する　Shatter

めった打ちにする、爆破する、折る、破裂させる、ひびを入れる、砕く、こなごなにする、激しく衝突する、取り壊す、破壊する、打撃を与える、分裂させる、砕いて破片にする、ぶんどる、けちょんけちょんにする、痛めつける、完敗させる、破滅させる、叩き壊す、ばらばらに裂く、割る、ぶち壊す

分析する　Analyse

査定する、鑑定する、熟考する、批判する、構造を解体する、解剖する、見積もる、評価する、検討する、捜査する、基準に当てはめて判断する、徹底的に調べる、研究する

分断する　Sever

体の一部を切断する、折る、切り開く、切る

ぶんどる　Plunder

私物化する、取り壊す、破壊する、打撃を与える、荒らしまわる、痛めつける、強奪する、粉砕する、ぶち壊す

ぶん殴る　Deck [2]

打つ、卒倒させる、叩く

文明化する　Civilise

コーチする、開拓する、開発する、規律に従わせる、教化する、教育する、啓発する、改善する、知識を与える、教授する、練磨する、磨きをかける、学校教育を受けさせる、洗練させる、教える、トレーニングする、家庭教師をする

分類する　Classify

カテゴリーに当てはめる、等級を定める、格付けする、命令する、採点する、ランクをつける、タグをつける、値をつける

分裂させる［複］　Disunite

折る、砕く、分割する、砕いて破片にする、粉砕する、ばらばらに裂く、割る、ほどく

平静を失わせる　Disquiet

煽る、懸念させる、めまいを起こさせる、かき乱す

ベールをかける　Veil

覆いをかける、見えにくくする、包み隠す

ベールを取り払う　Unveil

暴露する、正体を見破る、粉砕する、仮面をはぐ

へこみや線などの跡をつける　Mark[2]

烙印を押す、傷跡を残す

ぺしゃんこにする　Flatten

ブルドーザーで押しつぶす、取り壊す、卒倒させる、強打する、壊滅させる、ぎゅっと押しつぶす、踏みつける

ぺちんと叩く　Smack

ドンドンと叩く、棍棒で打つ、打ち負かす、殴り飛ばす、殴り倒す、鉄拳を食らわせる、平手打ちを食らわす、ひっぱたいて何かをさせる、叩く、パンチを食らわせる、ぴしゃりと打つ、お尻をぺんぺん叩く、ぶつける、ばしんと叩く、腕を大きく振って打つ、ごつんと打つ、ぶっ叩く

蔑視する　Deprecate

虐待する

別世界にいるような気分にさせる　Transport[1]

言いなりにさせる、力ずくで奪う

へつらう　Adulate

称える、憧れる、列福する、心に抱く、神格化する、祭る（祀る）、高揚させる、偶像化する、褒めちぎる、敬愛する、宝物にする、敬意を示す、崇拝する

ぺてんにかける　Con

魅了する、ずるいことをする、欺く、詐欺行為をする、思い込ませる、もてあそぶ、カモにする、はめる、だます、つけ込む、一杯食わせる、目をくらます、説き伏せる、おびき寄せる、かたる、トリックを仕掛ける

へとへとにする　　　　　　　　　Jade

活力を奪う、がっかりさせる、水を抜く、気力を弱める、
弱らせる、使い果たす、疲労させる、樹液を絞り取る、
飽きさせる、うんざりさせる

ベルトで打つ　　　　　　　　　　Belt

ドンドンと叩く、打つ、殴り倒す、平手打ちを食らわす、
ひっぱたいて何かをさせる、金槌で打つ、叩く、張り倒
す、打ちのめす、一発お見舞いする、裸にする、さんざ
んに打ちのめす、ぶっ叩く

変換する　　　　　　　　　　　　Convert

適応させる、調節する、改ざんする、変える、教え込む、
形作る、変容させる、逆転させる

便宜を図る　　　　　　　Accommosdate[3]

補助する、備え付ける、えこひいきする、義務づける

変形させる　　　　　　　　　　Deform

ゆがめる、悪くする、ばらばらに切断する、邪道に導く、
破滅させる、腐らせる、ねじる、歪曲する

弁護士資格を剥奪する　　　　　　Disbar

退ける、外に出す、除外する

弁護する　　　　　　　　　　　Defend

武装させる、擁護する、緩和する、エスコートする、ガー
ドする、パトロンになる、保護する、守る、安全にする、
かくまう、かばう、サポートする

弁明する　　　　　　　　　　Vindicate

無罪を言い渡す、釈放する、疑いを晴らす、推奨する、
勘弁する、容疑を晴らす、サポートする

変容させる　　　　　　　　Transform

改ざんする、変える、変換する、邪道に導く、改心させ
る、革命的に変化させる、逆転させる

あ	
か	
さ	
た	
な	
は	
ま	
や	
ら	
わ	

ボイコットする　　　　　　　　　　　Boycott

法律で禁じる、流刑にする、封鎖する、除外する、国外
に追放する、無視する、村八分にする、差し止める、拒
絶する

ぽいと放る　　　　　　　　　　　　　　Toss

はじく、投げ飛ばす、はじき飛ばす、投げる

包囲攻撃する　　　　　　　　　　　Besiege

せがむ、ブロックする、悩ませる、監禁する、輪で囲む、
網羅する、嫌がらせをする、うるさく催促する、わずら
わせる、しつこく責める、つきまとう、駄々をこねる、疫
病にかからせる、樹液を絞り取る、水没させる、取り囲む

妨害する　　　　　　　　　　　　　Obstruct

停止させる、封鎖する、バリケードを築く、ブロックする、
重荷を負わせる、息苦しくさせる、詰まらせる、立ち向
かう、歯止めをかける、締め出す、しぼませる、抑止する、
やめさせる、脇へそらす、動きを邪魔する、除外する、
立ち止まらせる、阻止する、不利な立場に立たせる、妨
げる、進行を遅らせる、させないようにする、横取りする、
受け流す、差し止める、手間取らせる、抵抗する、止める、
無意味にする、食い止める、自由を奪う

包含する　　　　　　　　　　　　　Subsume

封じ込める、覆いをかける、網羅する、留め置く、含め
る、組み入れる

放棄する　　　　　　　　　　　　　Abandon

捨てる、処分する、すっぽかす、やめにする、やっかい
払いする、見放す、恋人を振る、去る、拒絶する、断念
する、断つ、疎外する、鼻であしらう、明け渡す

方向感覚を失わせる　　　　　　Disorientate

冷静さを失わせる、ぼやけさせる、混乱させる

報告する　　　　　　　　　　　　　Debrief

連絡する

報酬を与える　Remunerate

支払う、報いる、見返りを与える

呆然とさせる　Petrify[2]

警報を伝える、麻酔をかける、ぎくりとさせる、恐怖を感じさせる、怖がらせる、気絶させる、ぞっとさせる、テロの恐怖に陥れる

包帯を巻く　Swathe

留め金で留める、迎え入れる、囲い込む、くるむ、包む、包み込む、包み隠す、息もつけないようにする、巻きつける

膨張させる　Distend

大きくする、ブーストする、拡張する、ふくらませる、張り出させる

法廷に呼び出す　Arraign

告訴する、責める、とがめる、告発する、裁判所に訴えを出す

ヒント「Arraignment（罪状認否）」は被告人が罪を認めるかどうかを法廷で問うこと。広い意味で「相手に罪の意識の有無を問う」アクションと捉えてみよう。法廷ドラマに限らず、日常的なシーンでもパワフルで深い動機が表現できる。

法的資格を与える　Capacitate

力を与える、公民権や参政権を与える

棒でつつく　Prod[2]

突き立てる、肘で押す、扇動する、ジャブを打つ、肘で軽く突いて注意を促す、突く、探る、押す、思い出させる、押しのける、針で刺す

棒で殴って従わせる　Bludgeon

棍棒で殴る、破壊する、ひっぱたいて何かをさせる、バッシングする、脱穀する

冒涜する　Profane

呪う、粗末に扱う、違反する

あ	
か	
さ	
た	
な	
は	
ま	
や	
ら	
わ	

報復する　　　　　　　　　　　　Avenge
罰する

放免する　　　　　　　　　　Discharge
無罪を言い渡す、釈放する、疑いを晴らす、開放的な気分にさせる、苦労をなくす、撤退する、もつれを解く、束縛を解く、処分する、解散させる、外に出す、独立させる、公民権や参政権を与える、避難させる、容疑を晴らす、除名する、クビにする、自由にする、解き放つ、失脚させる、恩赦する、身請けする、解除する、解雇する、荷を下ろす、足枷をはずす、ほどく

放り込む　　　　　　　　　　　Chuck
投げ飛ばす、ぱちんこ（投石器）で飛ばす、投げる

法律で禁じる　　　　　　　　　　Ban
封鎖する、流刑にする、ブロックする、ボイコットする、検閲する、締め出す、無効にする、失格させる、除外する、禁じる、阻止する、進行を遅らせる、裁判所に訴えを出す、遮断する、非合法化する、差し止める、制限する、止める、押し殺す

飽和状態にする　　　　　　　Saturate
水浸しにする、染める、しみ込ませる、補充する、堪能させる、ふやかす、いっぱいにする

ぼーっとさせる　　　　　　　　Daze
びっくりさせる、驚愕させる、度肝を抜く、まごつかせる、物思いにふけらせる、途方に暮れさせる、判断力を失わせる、混乱させる、幻惑させる、気を散らす、唖然とさせる、あわてさせる、たまげさせる、ぽかんとさせる、当惑させる、思案させる、ショックを与える、よろめかす、はっとさせる、気絶させる、神経を鈍らせる、驚かせる

捕獲する　　　　　　　　　　Capture
さらう、逮捕する、ブロックする、キャッチする、しっかり握る、罠にかける、つかみ取る、ハイジャックする、留め置く、誘拐する、急いで捕まえる、取り押さえる、獲得する、ひっとらえる、牛耳る、引き抜く、誘い出して捕まえる、ひったくる、意のままに操る、勝つ

他よりも高い値をつける　　　Outbid

勝る

ぽかんとさせる　　　Flummox

まごつかせる、物思いにふけらせる、途方に暮れさせる、面食らわせる、混乱させる、ぼーっとさせる、あわてさせる、切り倒す、当惑させる、思案させる

補強する　　　Fortify²

バリケードを築く、強健にする、鍛錬する、保護する、テコ入れする、確保する、丈夫にする、サポートする、たくましくする

保険をかける　　　Insure

保護する、守る

保護する　　　Protect

武装させる、バリケードを築く、付き添う、緩和する、弁護する、強化する、ガードする、隠れ場所を提供する、予防接種をする、隔離する、保険をかける、パトロンになる、守る、見えないようにする、安全にする、かばう、丈夫にする、サポートする、巻きつける

補充する　　　Replenish

治す、満たす、テコ入れする、新しくする、復元する、堪能させる、飽和状態にする、詰める

募集する　　　Recruit

雇用する、従事させる、協力を求める、調達する

保証する　　　Warrant

断言する、根拠を与える、後押しする、擁護する、委託する、代表者として送り出す、推奨する、権限をもたせる、ライセンスを与える、許可する、勧める、認可する、サポートする

補助する Aid

教唆する、便宜を図る、提唱する、手を貸す、後押しする、味方になる、活を入れる、ブーストする、慰める、開拓する、ゆるませる、励ます、えこひいきする、転送する、育てる、先へ進ませる、手伝う、改善する、看病する、リフレッシュさせる、安心させる、矯正する、復元する、復活させる、救う、仕える、丈夫にする、救援する、サポートする、教える、家庭教師をする

ホスト役を務める Host

接待する

保全する Conserve

心に抱く、祭る（祀る）、永遠のものにする、とどめる、宝物にする

細長く切る Slit

切り開く、切る、深い切り傷をつける、えぐる、切り込む、ナイフで刺す、かきむしる、突き刺す、引き裂く、切りつける、割る、ちぎる、痛手を負わせる

没収する Dispossess

流刑にする、王座から降ろす、払い落とす、外に出す、避難させる、国外に追放する、除名する、強制的に取り上げる、クビにする、失脚させる、解雇する

没頭させる Involve

認める、紛糾させる、網羅する、動きを邪魔する、従事させる、注意を奪う、飲み込む、網にからませて捕らえる、罠にかける、絡めとる、有頂天にさせる、心をつかむ、巻き込む、含める、組み入れる、罪を負わせる、興味をもたせる、うわの空にさせる

ほどく Untie

放免する、苦労をなくす、撤退する、もつれを解く、束縛を解く、分裂させる、独立させる、自由にする、解き放つ、身請けする、解除する、安心させる、鎖をはずす、シートベルトやボタンをはずす、制限を取り払う、つないだ紐を放す、ひもとく、足枷をはずす

骨抜きにする　　Emasculate

去勢する、機能を損なわせる、衰弱させる、力を奪う、気力を弱める、貧乏にする、精力を奪う、減退させる

褒めちぎる　　Laud

高く評価する、称える、へつらう、拍手喝采する、賛辞を述べる、派手に描く、絶賛する、美化する、賛美する、敬愛する、吹聴する

ぼやけさせる　　Cloud [2]

冷静さを失わせる、衣服を与える、混乱させる、方向感覚を失わせる、悪くする、ぼんやりさせる

ぽんと叩く　　Pat

愛撫する、軽く叩く、撫でまわす、みだらな手つきで触る、撫でる、タップする、触る

ぼんやりさせる　　Muddle

冷静さを失わせる、物思いにふけらせる、ぼやけさせる、面食らわせる、混乱させる、発狂させる、気を散らす、乱す、紛糾させる、絡めとる、あわてさせる、支離滅裂にさせる、当惑させる、かき乱す、迷惑をかける

あ	

前へ押し出す　　　　　　　　Propel

駆動する、除名する、投げ飛ばす、扇動する、押しやる、そそのかす、ひらめきを与える、発進させる、動かす、プッシュする、叩きつける、ぱちんこ（投石器）で飛ばす、刺激する、投げる、突き出す

前もって注意する　　　　　　Forewarn

注意を喚起する、用心させる

巻き込む　　　　　　　　　　Implicate

品位を落とす、乱す、紛糾させる、動きを邪魔する、危険を及ぼす、網にからませて捕らえる、罠にかける、絡めとる、罪を負わせる、没頭させる、誘い出して捕まえる、自由を奪う、陥れる

巻きつける　　　　　　　　　Wrap

周囲に境界線を引く、留め金で留める、覆いをかける、抱き合う、囲い込む、くるむ、包む、包み込む、マフラーで覆う、保護する、包み隠す、取り囲む、包帯を巻く

曲げる　　　　　　　　　　　Bend

折る、ねじ曲げる、ゆがめる、邪道に導く、ねじる、歪曲する

まごつかせる　　　　　　　　Baffle

びっくりさせる、うまいことを言って惑わせる、冷静さを失わせる、途方に暮れさせる、混乱させる、面食らわせる、ぼーっとさせる、狼狽させる、唖然とさせる、理解できないことをする、あわてさせる、卒倒させる、ぽかんとさせる、裏をかく、先んずる、フラストレーションを与える、煙に巻く、出し抜く、当惑させる、思案させる、切り倒す

まさぐる　　　　　　　　　　Grope

撫でまわす、引っかき傷をつける、みだらな手つきで触る

勝る　　　　　　　　　　　　Outdo

しのぐ、打倒する、影を薄れさせる、超過する、他よりも高い値をつける、出し抜く、うわてを行く、抜け駆けする、上回る、追い抜く、超越する、切り札を出す

麻酔をかける　　　Anaesthetise

動作を停止させる、感覚を失わせる、くすませる、感覚を奪う、麻痺させる、固まらせる

混ぜ物をする　　　Adulterate

価値を落とすような変更を施す、いかがわしい部分を削除する、汚す、堕落させる、劣化させる、安売りする、薄める、汚れをつける、勝手に変更を加える、汚染する、手を染めさせる、減退させる

待たせる　　　Detain

遅らせる、妨げる、留め置く、刑務所に入れる、させないようにする、制限する、とどめる、止める

間違った方向へ導く　　　Misguide

はったりをかける、欺く、思い込ませる、誤った指導をする、わざと判断を誤らせる

間違っていることを示す　　　Invalidate

キャンセルする、衰弱させる、障がいを与える、打ち消す、無にする、踏みにじる、却下する、取り消す、値打ちを下げる、減退させる

待ち伏せをして襲う　　　Ambush

危険を及ぼす、罠にかける、驚かせる、陥れる

ヒント「Ambush」の bush は低木や茂みを指す。周囲の景色や環境に溶け込み、目立たずに隠れてチャンスを狙う動きを想像してみよう。

真っ赤にする　　　Inflame

さらに悪化させる、煽る、生命を吹き込む、高ぶらせる、目を覚まさせる、大胆にする、励ます、燃え上がらせる、激怒させる、エキサイトさせる、うきうきさせる、燃え立たせる、油を注ぐ、発生させる、鼓舞する、火をつける、情熱を与える、立腹させる、そそのかす、激高させる、ひらめきを与える、奮い立たせる、中毒にする、生気を与える、輝かせる、照らす、逆上させる、図太くさせる、発奮させる、刺激する、かきまわす、かき立てる、丈夫にする、生命力を与える

239

マッサージする　Massage

愛撫する、歯止めをかける、手技を施す、型にはめる、リラックスさせる、さする、撫でる、触る

祭る（祀る）　Enshrine

憧れる、へつらう、心に抱く、神聖なものとする、保全する、尊ぶ、偶像化する、永遠のものにする、重んじる、宝物にする、大事にする、敬意を示す、崇拝する

まとめる　Integrate

含める、組み入れる

招く　Invite

引き寄せる、手招きする、歓迎する

麻痺させる　Paralyse

麻酔をかける、停止させる、無感覚にする、機能を損なわせる、感覚を失わせる、衰弱させる、活力を奪う、障がいを与える、気力を弱める、弱らせる、凍らせる、立ち止まらせる、動けなくする、能力を奪う、感覚を奪う、固まらせる、樹液を絞り取る、気絶させる、ぞっとさせる、立ちすくませる、自信をなくさせる

マフラーで覆う　Muffle

覆いをかける、クッションをあてる、感覚を失わせる、猿ぐつわをかませる、音を弱める、口止めする、静かにさせる、抑圧する、息もつけないようにする、沈黙させる、絞め殺す、もみ消す、押し殺す、巻きつける

魔法をかける　Enchant

魅惑する、鷲掴みにする、引き寄せる、魅了する、言いなりにさせる、心を奪う、キャッチする、うっとりさせる、歓喜させる、夢中にさせる、慕わせる、関心を引く、恍惚とさせる、熱中させる、有頂天にさせる、心を捉える、記憶に留める、我を忘れさせる、煙に巻く、狂喜させる、呪縛する、勝つ

守り助ける　Uphold

後押しする、味方になる、励ます、転送する、引き上げる、拍車をかける、サポートする

守る　　　　　　　　　　　　Safeguard

付き添う、弁護する、エスコートする、ガードする、予防接種をする、隔離する、家をあてがう、保険をかける、取り締まる、保護する、認可する、安全にする、かくまう、かばう、サポートする

丸め込む　　　　　　　　　　Coax

魅惑する、手招きする、魅了する、おだてる、気を引く、いい気にさせる、説き伏せる、納得させる、その気にさせる

満喫する　　　　　　　　　　Savour

味わう

満足させる　　　　　　　　　Satisfy

なだめる、緩和する、充足させる、満たす、幸せにする、気ままにさせる、あやす、鎮める、気に入る、堪能させる、いっぱいにする

身請けする　　　　　　　　　Redeem [2]

無罪を言い渡す、開放的な気分にさせる、放免する、もつれを解く、自由にする、解き放つ、浄化する、救助する、復元する、救う、荷を下ろす、ほどく

ヒント 「Redeem」は身代金や賠償金を払って救い出すこと。「身請け」とは遊女や芸妓の前借り金を払って稼業をやめさせること。原語では奴隷や捕虜などの解放・救出も指す。

見えないようにする　　　　　Screen

保護する、かくまう、かばう、包み隠す

見えにくくする　　　　　　　Obscure

曇らせる、薄暗くする、影を落とす、火を消す、見劣りさせる、包み隠す、ベールをかける

見劣りさせる　　　　　　　　Overshadow

影を落とす、見えにくくする、包み隠す

あ	
か	

見返りを与える   Reward

賞を与える、ブーストする、埋め合わせをする、冠を載せる、裕福にする、えこひいきする、尊ぶ、気ままにさせる、支払う、賛美する、報いる、報酬を与える、感謝する

磨きをかける   Refine

文明化する、完成させる、開拓する、開発する、教育する、向上させる、改善する、非の打ちどころをなくす、練磨する、浄化する

味方になる   Befriend

認知する、わからせる、補助する、同盟を結ぶ、功績を称える、励ます、えこひいきする、手伝う、パトロンになる、サポートする、守り助ける

身柄を拘束する   Apprehend [2]

逮捕する、止める

見くびる   Belittle

魅了する、安っぽくする、けなす、卑しめる、信用を落とす、悪く言う、屈辱を与える、こきおろす、パトロンになる

みじめにさせる   Embitter

さらに悪化させる、疎遠にする、不満を抱かせる、幻滅させる、毒を塗る、毒を盛る、ひねくれさせる

水につけて戻す   Reconstitute

再構築する、復元する

水浸しにする   Drench

水を浴びせる、染める、しみ込ませる、飽和状態にする、ふやかす

水を浴びせる   Douse

水浸しにする、突っ込む、ふやかす

水を抜く　Drain

衰弱させる、枯渇させる、活力を奪う、減少させる、中身を出してからっぽにする、気力を弱める、弱らせる、使い果たす、疲労させる、貧乏にする、能力を奪う、へとへとにする、乳を搾る、縮小する、樹液を絞り取る、飽きさせる、うんざりさせる

見せびらかしてじらす　Tantalise

心を捉える、触発する、なじる、もったいぶる、心地よい刺激を与える

見そこなう　Misjudge

低く見積もる

満たす　Fill[2]

染める、補充する、十二分に満足させる、堪能させる、満足させる、いっぱいにする、張り出させる

乱す　Disturb

どんよりさせる、作用する、煽る、警報を伝える、むっとさせる、せがむ、悩ませる、品位を落とす、懸念させる、面食らわせる、立ち向かう、混乱させる、気を悪くさせる、中断させる、不満足にさせる、苦悩させる、めまいを起こさせる、紛糾させる、あわてさせる、どぎまぎさせる、波立たせる、嫌がらせをする、うるさく催促する、憑く、ぼんやりさせる、当惑させる、かき乱す、駄々をこねる、疫病にかからせる、がたがたと揺らす、震撼させる、動揺させる、ショックを与える、かきまわす、迷惑をかける、不安にさせる、気を動転させる、じらす、ふらつかせる、心配させる

みだらな手つきで触る　Paw

愛撫する、撫でまわす、引っかき傷をつける、ぽんと叩く、撫でる、触る

密告する　Nark

さらに悪化させる、むっとさせる、敵にまわす、餌を仕掛ける、いらいらさせる、つきまとう、いびる、機嫌をそこねる、気を動転させる、じらす

見積もる **Estimate**

分析する、鑑定する、査定する、計算する、検討する、測定する、寸法を測る、値をつける

見て見ぬふりをする **Overlook**

度外視する、無視する、鼻であしらう

認める **Admit**

受け入れる、認知する、へつらう、迎え入れる、網羅する、手ほどきをする、没頭させる、許可する、認識する、受け取る

皆殺しにする **Massacre**

撃滅させる、屠殺する、一掃する、惨殺する

見習う **Emulate**

複写する、模範にする、模造する、物まねする

身なりを整える **Groom**

ブラシをかける、コーチする、支度をする、叩きこむ、教育する、教授する、助成する、準備する、事前に教える、洗練させる、教える、トレーニングする、家庭教師をする

見放す **Forsake**

放棄する、裏切る、捨てる、処分する、すっぽかす、離婚する、やめにする、やっかい払いする、恋人を振る、去る、断念する、断つ、明け渡す

見張り番をする **Shepherd**

付き添う、指揮する、コントロールする、ガイドする、リードする、舵取りをする

魅了する　　　　　　　　　　Beguile

楽しませる、見くびる、言いなりにさせる、おだてる、心を奪う、うっとりさせる、ずるいことをする、丸め込む、ぺてんにかける、求愛・交際する、欺く、詐欺行為をする、歓喜させる、カモにする、夢中にさせる、魔法をかける、関心を引く、恍惚とさせる、熱中させる、気を引く、有頂天にさせる、心を捉える、いい気にさせる、だます、目をくらます、催眠術をかける、誘導する、説き伏せる、かつぐ、おびき寄せる、我を忘れさせる、わざと判断を誤らせる、誘惑する、呪縛する、トリックを仕掛ける

魅惑する　　　　　　　　　　Allure

鷲掴みにする、引き寄せる、手招きする、言いなりにさせる、心を奪う、うっとりさせる、丸め込む、おとりを使う、歓喜させる、夢中にさせる、魔法をかける、関心を引く、気を引く、心を捉える、誘導する、説き伏せる、おびき寄せる、納得させる、誘惑する、その気にさせる、勝つ

身をすくませる　　　　　　　Menace

恐れを引き起こす、警報を伝える、いじめる、ぎくりとさせる、威嚇する、怖がらせる、テロの恐怖に陥れる、脅かす

ミンチにする　　　　　　　　Mince

すりつぶす、けちょんけちょんにする

無意味にする　　　　　　　　Stultify

フラストレーションを与える、阻止する、進行を遅らせる、感覚を奪う、妨害する、抑圧する、押し殺す、食い止める、押し込む

迎え入れる　　　　　　　　Embrace [2]

受け入れる、認める、養子にする、課する、取り入れる、組み入れる、歓迎する

むかつかせる Disgust

ぎょっとさせる、恐怖を感じさせる、吐き気を催させる、いやな気分にさせる、憤慨させる、追い払う、嫌悪感を感じさせる、愛想をつかせる、ショックを与える、気持ちを悪くさせる

無感覚にする Benumb

ぼーっとさせる、動作を停止させる、感覚を失わせる、不活性化する、麻痺させる

報いる Recompense

埋め合わせをする、支払う、報酬を与える、見返りを与える

向け直す Redirect

しぼませる、脇へそらす

無効にする Disallow

法律で禁じる、封鎖する、締め出す、除外する、禁じる、差し止める

無罪を言い渡す Absolve

釈放する、疑いを晴らす、放免する、無罪を証明する、免除する、容疑を晴らす、許す、解き放つ、恩赦する、洗い清める、浄化する、身請けする、解除する、弁明する

無罪を証明する Exculpate

無罪を言い渡す、容疑を晴らす、許す、解き放つ、恩赦する

むさぼり食う Devour

私物化する、食い尽くす、がつがつ食べる、がぶがぶ飲む

無視する Ignore

ボイコットする、そむく、度外視する、除外する、ネグレクトする、省く、見て見ぬふりをする、拒絶する、鼻であしらう、そっけなくする

蝕む　　　　　　　　　　　　　　　Erode

砕く、次第に薄れさせる

結び合わせる［複］　　　　　　　　Bind [3]

婚約させる、固める、鎖でつなぐ、責任をもつ、従事さ
せる、足枷をはめる、固定する、動かないようにする、
制限する、確保する、拘束する、縛る

鞭打つ　　　　　　　　　　　　　　Whip

打ち負かす、木の枝で叩く、杖やステッキで叩く、酷評
する、おしおきする、ひっぱたいて何かをさせる、襲い
かかる、厳しく罰する、お尻をぺんぺん叩く、がんじが
らめにする、お尻をひっぱたく、脱穀する

夢中にさせる　　　　　　　　　　　Enamour

魅惑する、鷲掴みにする、引き寄せる、魅了する、言い
なりにさせる、心を奪う、うっとりさせる、歓喜させる、
魔法をかける、慕わせる、関心を引く、恍惚とさせる、
熱中させる、有頂天にさせる、心を捉える、我を忘れさ
せる、呪縛する、勝つ

むっとさせる　　　　　　　　　　　Annoy

さらに悪化させる、敵にまわす、せがむ、餌を仕掛ける、
悪魔憑きにさせる、悩ませる、いらつかせる、気を悪く
させる、苦悩させる、乱す、事を荒立てる、波立たせる、
扇動する、嫌がらせをする、うるさく催促する、わずら
わせる、妨げる、飽き飽きさせる、いらいらさせる、逆
上させる、つきまとう、密告する、いびる、神経を逆な
でする、くどくどと文句を言う、癪に障ることをする、
駄々をこねる、疫病にかからせる、挑発する、がたがた
と揺らす、機嫌をそこねる、動揺させる、迷惑をかける、
じらす、うんざりさせる、心配させる

無にする　　　　　　　　　　　　　Nullify

撤廃する、撃滅させる、打倒する、破壊する、挫折させる、
間違っていることを示す、打ち消す、断つ、取り下げる

むやみにほしがる　　　　　　　　　Covet

強く求める、うらやむ

あ	
か	
さ	
た	
な	
は	
ま	
や	
ら	
わ	

群がる　Mob

襲う、体当たりする、圧倒する、追い求める

村八分にする　Ostracise

避ける、流刑にする、ボイコットする、除外する、国外に追放する、除名する、差し止める、疎外する、鼻であしらう

無理強いする　Extort

強制的にさせる

酩酊させる　Fuddle

物思いにふけらせる、混乱させる、中毒にする

名誉を汚す　Dishonour

黒く塗る、評価を落とす、誹謗する、軽んじる、汚染する、恥ずかしい思いをさせる、手を染めさせる、悪いことをする

命令する　Order

分類する、司令塔として動く、コントロールする、統治する、教授する、取り締まる、規則正しくする

迷惑をかける　Trouble

苛む（さいな）、煽る、むっとさせる、せがむ、悪魔憑きにさせる、悩ませる、重荷を負わせる、懸念させる、面食らわせる、混乱させる、発狂させる、人を不快にする、狼狽させる、苦悩させる、乱す、波立たせる、嫌がらせをする、害を及ぼす、うるさく催促する、わずらわせる、憑く、ぼんやりさせる、当惑させる、かき乱す、駄々をこねる、疫病にかからせる、背負わせる、苦しめる、拷問する、外傷を与える、自信をなくさせる、不安にさせる、気を動転させる、じらす、減退させる、うんざりさせる、心配させる

目立たないようにふるまう　Efface [2]

薄暗くする、控えめにさせる、下げる

めちゃくちゃに壊す　Trash

めった打ちにする、破壊する、違反する

めった打ちにする　　　　Batter

襲う、殴りつける、打ち負かす、爆撃する、折る、打撲
傷を負わせる、殴り倒す、平手打ちを食らわす、こなご
なにする、激しく衝突する、取り壊す、破壊する、金槌
で打つ、叩く、傷つける、けがをさせる、襲いかかる、
袋だたきにする、ものを投げつける、何度も殴る、グー
で殴る、破滅させる、粉砕する、張り倒す、叩き壊す、
打ちのめす、一発お見舞いする、ぶつける、脱穀する、
ごつんと打つ、ばしっと叩く、めちゃくちゃに壊す、さ
んざんに打ちのめす、ぶっ叩く

娶る　　　　Wed

取り入れる、結婚する

めまいを起こさせる　　　　Dizzy

どんよりさせる、煽る、混乱させる、発狂させる、乱す、
平静を失わせる、どぎまぎさせる、動揺させる、不安に
させる

目をくらます　　　　Hoodwink

うまいことを言って惑わせる、魅了する、ずるいことを
する、ぺてんにかける、思い込ませる、もてあそぶ、カ
モにする、だます、つけ込む、かつぐ、わざと判断を誤
らせる、かたる、トリックを仕掛ける

目を覚まさせる　　　　Awaken

活性化する、注意を喚起する、生命を吹き込む、高ぶら
せる、燃え上がらせる、景気をつける、エキサイトさせ
る、燃え立たせる、電気ショックを与える、発生させる、
火をつける、そそのかす、真っ赤にする、ひらめきを与
える、輝かせる、触発する、復活させる、発奮させる、
しらふにさせる、拍車をかける、刺激する、かきまわす、
生命力を与える、鮮明にする、覚醒させる

免許を与える　　　　Certify [2]

肯定する、確認する、権利を与える

249

左側のタブ: あ か さ た な は **ま** や ら わ

面食らわせる　Confound

びっくりさせる、驚愕させる、度肝を抜く、まごつかせる、うまいことを言って惑わせる、悪魔憑きにさせる、冷静さを失わせる、途方に暮れさせる、ブロックする、混乱させる、論破する、歯止めをかける、呪う、打倒する、発狂させる、乱す、唖然とさせる、理解できないことをする、紛糾させる、罠にかける、たまげさせる、卒倒させる、ぽかんとさせる、裏をかく、フラストレーションを与える、ぼんやりさせる、煙に巻く、出し抜く、当惑させる、思案させる、はっとさせる、切り倒す、気絶させる、驚かせる、迷惑をかける、蝶番をはずす、自信をなくさせる

免除する　Exempt

無罪を言い渡す、釈放する、除外する、勘弁する、容認する

面と向かう　Face

立ち向かう、遭遇する

面目を失わせる　Disgrace

評価を落とす、誹謗する、信用を落とす、控えめにさせる、屈辱を与える、恥ずかしい思いをさせる、手を染めさせる

網羅する　Encompass

包囲攻撃する、周囲を回る、周囲に境界線を引く、封じ込める、コントロールする、覆いをかける、迎え入れる、輪で囲む、囲い込む、くるむ、飲み込む、包む、包み込む、抱き合う、支える、ハグする、含める、組み入れる、没頭させる、包含する、取り囲む、包帯を巻く、巻きつける

燃え上がらせる　Enkindle

高ぶらせる、目を覚まさせる、エキサイトさせる、燃え立たせる、発生させる、火をつける、そそのかす、真っ赤にする、ひらめきを与える、生気を与える、輝かせる、触発する

250

燃え立たせる　　　Fire [2]

生命を吹き込む、高ぶらせる、目を覚まさせる、爆破する、元気づける、衝撃を与える、大胆にする、励ます、気合いを入れる、燃え上がらせる、景気をつける、エキサイトさせる、うきうきさせる、油を注ぐ、電気ショックを与える、発生させる、嬉しがらせる、鼓舞する、火をつける、真っ赤にする、激高させる、ひらめきを与える、奮い立たせる、生気を与える、急に揺すぶる、輝かせる、発進させる、照らす、モチベーション（動機）を与える、触発する、発奮させる、速める、ショックを与える、鼻であしらう、刺激する、かき立てる、丈夫にする、スリルを感じさせる、引き金を引く、覚醒させる、生命力を与える

もぎ取る　　　Wrest

切り離す、引く、破滅させる、強く引く、ねじる、搾り取る

模造する　　　Imitate

人まねをする、風刺的に描写する、複写する、見習う、物まねする、鏡のように写す、パロディにする、おうむ返しする

持ち上げる　　　Lift

ブーストする、上昇させる、励ます、高揚させる、うきうきさせる、鼓舞する、高さを上げる、押し上げる、晴れやかにする、引き上げる、復活させる、張り出させる、高く揚げる

持ちこたえる　　　Withstand

我慢する、切り抜ける

持ち去る　　　Purloin

私物化する、くすねる、かすめ取る、ちょろまかす、つまみ取る、強奪する、盗む、かっさらう

持ち運ぶ　　　Carry

担う、支える、肩代わりする、サポートする、輸送する

あ	
か	
さ	
た	
な	
は	
ま	
や	
ら	
わ	

モチベーション（動機）を与える　Motivate

活性化する、生命を吹き込む、強制的にさせる、監督する、駆動する、衝撃を与える、励ます、エネルギーを与える、景気をつける、エキサイトさせる、燃え立たせる、電気ショックを与える、扇動する、押しやる、そそのかす、誘導する、影響を与える、ひらめきを与える、奮い立たせる、火付け役となる、生気を与える、リードする、せっつく、触発する、プッシュする、速める、拍車をかける、刺激する、強く勧める、生命力を与える

もったいぶる　Tease

さらに悪化させる、せがむ、餌を仕掛ける、悩ませる、波立たせる、扇動する、嫌がらせをする、うるさく催促する、わずらわせる、いらいらさせる、かつぐ、笑いものにする、いびる、駄々をこねる、突く、挑発する、いたぶる、ばかにする、見せびらかしてじらす、なじる、くすぐる、苦しめる、じらす

もつれを解く　Disentangle

片付ける、放免する、苦労をなくす、撤退する、束縛を解く、独立させる、自由にする、解き放つ、身請けする、解除する、安心させる、荷を下ろす、鎖をはずす、ゆるめる、制限を取り払う、留め金をはずす、つないだ紐を放す、ひもとく、足枷をはずす、ほどく

もてあそぶ　Diddle

ずるいことをする、ぺてんにかける、詐欺行為をする、金を巻き上げる、だます、一杯食わせる、目をくらます、かたる

元の状態に戻す　Restitute

埋め合わせをする、リハビリをする、新しくする、復元する

元の木阿弥にする　Undo[1]

食い止める

物思いにふけらせる　Bemuse

途方に暮れさせる、混乱させる、ぼーっとさせる、気を散らす、ぽかんとさせる、酩酊させる、ぼんやりさせる、当惑させる、うわの空にさせる、気絶させる、神経を鈍らせる

物まねする　Mimic

風刺的に描写する、複写する、見習う、模造する、パロディにする、おうむ返しする

ものを投げつける　Pelt

攻め立てる、めった打ちにする、打ち負かす、爆撃する、グーで殴る、ぶつける、脱穀する、投げる、さんざんに打ちのめす

模範にする　Follow ²

見習う、仕える

もみ消す　Stifle

息苦しくさせる、歯止めをかける、クッションをあてる、感覚を失わせる、猿ぐつわをかませる、黙らせる、マフラーで覆う、音を弱める、口止めする、鎮圧する、静かにさせる、抑圧する、動かないようにする、沈黙させる、息もつけないようにする、おとなしくさせる、止める、絞め殺す、抑える、押し殺す、のどを絞める

燃やす　Burn

烙印を押す、生け贄にする、焼却する、輝かせる

紋章を描く　Blazon

勲章を授ける、尊ぶ

紋章を飾る　Emblazon ²

飾る、勲章を授ける、あしらいを施す

> **ヒント** 紋章を飾るには、その下地となる旗や楯が必要だ。相手の地位を高く見せようとする時に、自分自身があかたも旗や楯であるかのようなイメージで動作をしてみても面白い。王様や社長、武将などの背後や脇に立つキャラクターたちがそうかもしれない。

問責する　　　　　　　　　　　　　Censure

虐待する、攻撃する、責める、がみがみ言う、爆破する、酷評する、お灸をすえる、罪や落ち度があることを示す、批判する、けなす、告発する、つっかかる、こきおろす、バッシングする、訓戒する、叱責する、叱りつける、たしなめる、叱る

門前払いする　　　　　　　　　　　Rebuff

小言を言う、罪や落ち度があることを示す、打倒する、しぼませる、やめさせる、こきおろす、ネグレクトする、反抗する、拒絶する、追い払う、叱りつける、抵抗する、はぐらかす、鼻であしらう、そっけなくする

役立たせる　　　　　　　　　　　　　Utilise

展開する、雇用する、従事させる、使う

やさしく揺する　　　　　　　　　　Rock [2]

落ち着かせる、慰める、はぐくむ

やさしく寄り添う　　　　　　　　　Cuddle

愛撫する、抱き合う、輪で囲む、くるむ、撫でまわす、
支える、ハグする、かわいがる、ぎゅっと握る

養う　　　　　　　　　　　　　　　Raise [2]

開拓する、父親になる、育てる、養育する、しつける

やじる　　　　　　　　　　　　　　　Jeer

虐待する、餌を仕掛ける、質問攻めにする、どなりつけ
る、侮辱する、愚弄する、笑いものにする、駄々をこね
る、ばかにする、なじる

安売りする　　　　　　　　　　　　Devalue

混ぜ物をする、安っぽくする、引き下げる、卑しめる、
降格させる、信用を落とす、格下げする、縮小する、恥
ずかしい思いをさせる、従属させる、減退させる

安っぽくする　　　　　　　　　　　Cheapen

見くびる、劣化させる、体面を傷つける、卑しめる、過
小評価する、安売りする、信用を落とす、軽んじる、気
を滅入らせる、下げる

安らぎを与える　　　　　　　　　　Console

緩和する、元気づける、慰める、大胆にする、励ます、鼓
舞する、自信を取り戻させる、安心させる、なごませる

やっかい払いする　　　　　　　　　　Dump

放棄する、やめにする、見放す、拒絶する

やっつける　　　　　　　　　　　　　Zap

破壊する、叩く、殺す

宿る
Inhabit
注意を引く、憑いて何かをさせる

破る
Vanquish
打ち負かす、征服する、こなごなにする、打倒する、取り壊す、破壊する、思いどおりに動かす、牛耳る、耐え切れなくさせる、圧倒する、制圧する、鎮圧する、屈服させる

やめさせる
Discourage
警告する、寒がらせる、歯止めをかける、やる気をそぐ、意気消沈させる、士気を下げる、落ち込ませる、抑止する、がっかりさせる、落胆させる、気落ちさせる、気を滅入らせる、思いとどまらせる、妨げる、進行を遅らせる、させないようにする、妨害する、反抗する、圧迫する、差し止める、門前払いする、抑圧する、押し殺す

やめにする
Drop
放棄する、処分する、度外視する、すっぽかす、やっかい払いする、外に出す、除く、除外する、除名する、見放す、恋人を振る、去る、拒絶する、そっけなくする

槍玉にあげる
Reprehend
がみがみ言う、責める、酷評する、お灸をすえる、小言を言う、叱責する、たしなめる

槍で突く
Lance
切る、刺し貫く、突き刺す

やる気をそぐ
Dampen
歯止めをかける、感覚を失わせる、落ち込ませる、やめさせる、気を滅入らせる、思いとどまらせる、くすませる、音を弱める

やわらげる
Allay
苦痛を軽減する、なだめる、緩和する、落ち着かせる、慰める、打ち明ける、ゆるませる、晴れやかにする、寝かしつける、あやす、鎮める、静かにさせる、リラックスさせる、安心させる、居場所を与える、なごませる、おとなしくさせる、加減する、沈静する

遺言で譲る　**Bequeath**

賞を与える

遺言を遺す　**Will**

賞を与える、励ます

優位に立つ　**Dominate**

強要する、司令塔として動く、コントロールする、監督する、統治する、思いどおりに動かす、独占する、牛耳る、耐え切れなくさせる、抑圧する、支配する、舵取りをする、虐げる

誘拐する　**Kidnap**

さらう、捕獲する、ハイジャックする、急につかむ

優雅にする　**Grace**

飾る、美しくする、高貴にする、著名にする、向上させる、えこひいきする

有罪判決を出す　**Convict**

逮捕する、罪や落ち度があることを示す

誘導する　**Induce**

魅惑する、引き寄せる、魅了する、賄賂を贈る、罠にかける、気を引く、はめる、押しやる、そそのかす、おびき寄せる、モチベーション（動機）を与える、納得させる、誘惑する、その気にさせる

裕福にする　**Enrich** [1]

飾る、賞を与える、美しくする、飾り立てる、飾りつける、勲章を授ける、えこひいきする、飾り縄をつける、家具を設置する、あしらいを施す、見返りを与える

幽閉する　**Incarcerate**

鳥かご・檻・監獄などに入れる、押収する、刑務所に入れる、動かないようにする、制限する

あ
か
さ
た
な
は
ま
や
ら
わ

誘惑する　Seduce

魅惑する、引き寄せる、魅了する、賄賂を贈る、求愛・
交際する、歓喜させる、罠にかける、気を引く、はめる、
誘導する、おびき寄せる、恋愛する、その気にさせる、
心地よい刺激を与える、逆転させる、違反する

床に打ち倒す　Floor [2]

打つ、征服する、打倒する、取り壊す、切り倒す、ぺしゃ
んこにする、転覆させる、壊滅させる

ゆがめる　Distort

曲げる、ねじ曲げる、変形させる、ずたずたにする、邪
道に導く、歪曲する

輸送する　Transport [2]

担う、持ち運ぶ、伝達する

豊かにする　Enrich [2]

開拓する、教育する、資産を与える

許す　Forgive

無罪を言い渡す、釈放する、大目に見る、無罪を証明す
る、勘弁する、容疑を晴らす、恩赦する

ゆるませる　Ease

補助する、やわらげる、苦痛を軽減する、なだめる、緩
和する、落ち着かせる、慰める、充足させる、打ち明け
る、晴れやかにする、とりなす、あやす、静かにさせる、
リラックスさせる、安心させる、鎮静剤を打つ、居場所
を与える、なめらかにする、なごませる、沈静する

ゆるめる　Undo [2]

撤退する、もつれを解く、自由にする、解除する、シー
トベルトやボタンをはずす

養育する　Nurture [2]

活を入れる、心に抱く、食べ物を与える、油を注ぐ、母
親になる、養分を与える、看病する、養う、しつける、
丈夫にする、サポートする、持続させる、丈夫にする、
触る、乳離れさせる

陽気にさせる　　　　　　　　　　　Jolly

元気づける、嬉しがらせる、鼓舞する

容疑を晴らす　　　　　　　　　Exonerate

無罪を言い渡す、釈放する、疑いを晴らす、放免する、無罪を証明する、勘弁する、許す、解き放つ、恩赦する、洗い清める、浄化する、解除する、弁明する

擁護する　　　　　　　　　　　Champion

提唱する、肯定する、承認する、功績を称える、確認する、後押しする、弁護する、励ます、えこひいきする、転送する、先へ進ませる、パトロンになる、促進する、プッシュする、批准する、支持する、サポートする、保証する

養子にする　　　　　　　　　　　Adopt

受け入れる、私物化する、迎え入れる、取り入れる、受け取る、歓迎する

用心させる　　　　　　　　　　　Warn

戒める、アドバイスする、警報を伝える、注意を喚起する、警告する、忠告する、思いとどまらせる、前もって注意する、通知する、準備する、脅かす

ヒント「用心させる」のは親切心からとは限らない。感情グループで「危害を加える」にあるように、敵意や攻撃の意図を隠し持って相手にアプローチする場合もあるだろう。

容認する　　　　　　　　　　　　Spare

免除する、勘弁する、安心させる、救う

養分を与える　　　　　　　　　Nourish

ブーストする、慰める、励ます、食べ物を与える、育てる、看病する、養育する、サポートする、持続させる、乳離れさせる

余儀なくさせる　　　　　　　　　Force

強制的にさせる、駆動する、熱心に勧める、押し売りする、押しやる、義務を負わせる、ごり押しする、プレッシャーをかける、圧力をかける、プッシュする、突き出す、強く勧める、ねじり取る

あ
か
さ
た
な
は
ま
や
ら
わ

抑圧する　　　　　　　　　　　　Repress

いじめる、監禁する、征服する、こなごなにする、歯止めをかける、やめさせる、落胆させる、優位に立つ、猿ぐつわをかませる、威嚇する、思いどおりに動かす、マフラーで覆う、圧迫する、乗り越える、耐え切れなくさせる、制圧する、鎮圧する、動かないようにする、沈黙させる、息もつけないようにする、ぎゅっと押しつぶす、もみ消す、止める、おとなしくさせる、無意味にする、絞め殺す、抑える、意のままに操る、押し殺す、虐げる

抑止する　　　　　　　　　　　　　Deter

ブロックする、やめさせる、気を滅入らせる、思いとどまらせる、ぎくりとさせる、阻止する、妨げる、進行を遅らせる、威嚇する、妨害する、差し止める

横取りする　　　　　　　　　　Intercept

ブロックする、しぼませる、脇へそらす、進行を遅らせる、妨害する、止める

横やりを入れる　　　　　　　Interrupt

中断させる、進行を遅らせる

汚れをこすり落とす　　　　　　　Scrub

洗浄する、洗う

汚れをつける　　　　　　　　　　Dirty

混ぜ物をする、塗りたくる、汚す、美観を汚す、反則を犯す、汚染する、塗りつける、貶める、しみをつける、手を染めさせる

呼び集める　　　　　　　　　　Rally [2]

招集する、集合させる、結合させる、再び集める、一丸にする、団結させる

呼びかける　　　　　　　　　　Address

認知する、接近する、挨拶する、歓呼して迎える、思い起こさせる、名前をつける

呼ぶ   Call

手招きする、司令塔として動く、喚起する、そそのかす、
名前をつける、出頭を命じる

予防接種をする   Inoculate

保護する、守る

よみがえらせる   Raise[3]

呪文を唱えて召喚する、出頭を命じる

読む   Read

コンピューターで算出する、検討する、スキャンする、
研究する

よりよいものにする   Better[2]

改める、美しくする、開拓する、高貴にする、改善する、
修繕する、改心させる、洗練させる

よろめかす   Stagger

びっくりさせる、驚愕させる、度肝を抜く、ぼーっとさ
せる、唖然とさせる、たまげさせる、気絶させる、驚か
せる

酔わせる   Inebriate

中毒にする、神経を鈍らせる、バランスを失わせる、蝶
番をはずす

弱らせる   Enfeeble

折る、衰弱させる、枯渇させる、奪い取る、活力を奪う、
障がいを与える、減少させる、水を抜く、気力を弱める、
使い果たす、疲労させる、能力を奪う、へとへとにする、
麻痺させる、制限する、樹液を絞り取る、飽きさせる、
値打ちを下げる、弱体化させる、蝶番をはずす、自信を
なくさせる、減退させる

ライセンスを与える　License

根拠を与える、委託する、力を与える、可能にさせる、権限をもたせる、許可する、権利を与える、認可する、保証する

烙印を押す　Brand

燃やす、格付けする、へこみや線などの跡をつける

ヒント「Brand」には「商標」「銘柄」という意味もあり「ブランド物のバッグ」や「高級ブランド」といった表現でおなじみだ。相手をあたかもブランド物のようにみなして語るセリフがあるなら、必ず背後に固定的な見方があるはずだ。はっきりと目に浮かぶほど具体的なイメージを想定しよう。

落胆させる　Dishearten

寒がらせる、意気消沈させる、士気を下げる、落ち込ませる、やめさせる、気落ちさせる、気を滅入らせる、気力を弱める、威嚇する、圧迫する、抑圧する、悲しませる

ランクをつける　Rank

カテゴリーに当てはめる、等級を定める、分類する、測定する、格付けする、採点する、値をつける

乱暴に扱う　Mishandle

冷遇する、こき使う

リードする　Lead

一緒に行く、指揮する、監督する、エスコートする、統治する、ガイドする、モチベーション（動機）を与える、先に立つ、見張り番をする、舵取りをする、先導する

理解できないことをする　Elude[2]

まごつかせる、ブロックする、面食らわせる、フラストレーションを与える、思案させる、切り倒す、食い止める

離婚する　Divorce

見放す、拒絶する

リスペクトする　Respect

称える、尊重する、尊ぶ、敬愛する、大事にする、敬意を示す

立腹させる　　　　　　　　　　Incense

敵にまわす、激怒させる、事を荒立てる、真っ赤にする、
激高させる、逆上させる、憤慨させる、じらす

リハビリをする　　　　　　　Rehabilitate

再構築する、改心させる、生き返らせる、新しくする、
リフォームする、元の状態に戻す、復元する

リフォームする　　　　　　　　Renovate

リハビリをする、新しくする、復元する、復活させる

リフレッシュさせる　　　　　　　Refresh

補助する、元気づける、エネルギーを与える、景気をつ
ける、うきうきさせる、さっぱりさせる、生気を与える、
生まれ変わらせる、生き返らせる、若返らせる、復興さ
せる、復活させる、刺激する、おめかしさせる

略奪する　　　　　　　　　　　Pillage

奪い取る、強奪する、占拠して壊す

凌駕する　　　　　　　　　　　Outstrip

打ち負かす、しのぐ

リラックスさせる　　　　　　　　Relax

やわらげる、苦痛を軽減する、なだめる、緩和する、落
ち着かせる、慰める、打ち明ける、ゆるませる、晴れやか
にする、マッサージする、とりなす、あやす、静かにさ
せる、安心させる、居場所を与える、なごませる、沈静する

リンクさせる［複］　　　　　　　　Link

織り込む、合流する

リンチする　　　　　　　　　　　Lynch

処刑する、殺す、殺害する

ヒント「リンチ」とは「私刑によって殺すこと」。法律によらず、
特定の集団によって決定・実行される私的な制裁。暴力をふる
う合意が、限られたサークルの中でなされるわけだ。それは誰
と誰だろう？　登場人物たちの間にはっきりした境界線が引か
れるだろう。

あ
か
さ
た
な
は
ま
や
ら
わ

流刑にする　　　　　　　　　　　　**Banish**

法律で禁じる、ボイコットする、解散させる、立ち退か
せる、没収する、外に出す、駆除する、根絶する、除外
する、国外に追放する、除名する、クビにする、遮断す
る、失脚させる、非合法化する、村八分にする、拒絶す
る、解雇する、そっけなくする

冷遇する　　　　　　　　　　　　　**Maltreat**

虐待する、さらに悪化させる、ダメージを与える、害を
及ぼす、傷つける、けがをさせる、乱暴に扱う、こき使
う、酷使する、痴漢行為をする、迫害する、苦しめる、
痛手を負わせる、悪いことをする

冷笑する　　　　　　　　　　　　　**Scorn**

逆らう、あざける、こてんぱんに打ちのめす、拒絶する、
ばかにする、恥ずかしい思いをさせる、そっけなくする

冷静さを失わせる　　　　　　　　　**Befuddle**

どんよりさせる、戦闘する、途方に暮れさせる、ぼやけ
させる、面食らわせる、混乱させる、方向感覚を失わせ
る、唖然とさせる、支離滅裂にさせる、ぼんやりさせる、
煙に巻く、当惑させる、思案させる、切り倒す

レイプする　　　　　　　　　　　　**Rape**

襲う、たらしこむ、花をもぎ取る、奪い取る、妊娠させ
る、痴漢行為をする、力ずくで奪う、違反する

レクチャーする　　　　　　　　　　**Lecture**[2]

教授する、教える

劣化させる　　　　　　　　　　　　**Debase**[2]

混ぜ物をする、安っぽくする、汚す、堕落させる、美観
を汚す、下劣にする、格下げする、悪くする、邪道に導
く、汚染する、手を染めさせる、不順にする

レッテルを貼る　　　　　　　　　　**Label**

等級を定める、成績をつける

列福する　　　　　　　　　　　　**Beatify**

へつらう、神格化する、高揚させる、偶像化する、永遠のものにする、敬愛する、清らかなものにする、敬意を示す、崇拝する

ヒント「列福」とはカトリック教会で模範的な人物を死後に福者と認め、崇敬すること。あなたが演じる人物は世を去った人物たちをどのように見ているだろうか。敬う気持ちの有無を考えるだけでも、内面の深い掘り下げができる。

レフェリー（審判）をする　　　　　**Referee**

判決を下す、調停に持ち込む、裁く、アンパイア（審判）をする

レベルを同じにする　　　　　　　　**Level**

バランスをとる、地に足をつけさせる、なめらかにする、しっかりと押さえる

恋愛する　　　　　　　　　　　**Romance**

求愛・交際する、追い求める、誘惑する、言い寄る

連打する　　　　　　　　　　　　**Flail**

打つ、脱穀する

練磨する　　　　　　　　　　　**Polish**

文明化する、開拓する、修正する、改善する、磨きをかける

連絡する　　　　　　　　　　　**Inform** [2]

わからせる、アドバイスする、承知させる、簡潔な状況説明をする、文明化する、忠告する、教化する、教育する、向上させる、啓発する、ガイドする、教授する、通知する

狼狽させる　　　　　　　　　　**Disconcert**

煽る、まごつかせる、混乱させる、引き下げる、発狂させる、がっかりさせる、気を散らす、苦悩させる、心を乱す、卒倒させる、どぎまぎさせる、ぎくりとさせる、かき乱す、がたがたと揺らす、迷惑をかける、自信をなくさせる、不安にさせる、気を動転させる

ロビー活動をする　　　　　　　　　**Lobby**

圧力をかける

論破する　　　　　　　　　　　**Confute**

面食らわせる、こなごなにする、暴露する、打ち消す

歪曲する　**Warp**

曲げる、折る、ねじ曲げる、変形させる、逸脱させる、ゆがめる、悪くする、部分修正する、邪道に導く、ねじる

賄賂を贈る　**Bribe**

脅迫する、堕落させる、誘導する、誘惑する、その気にさせる

和解させる ［複］　**Reconcile**

なだめる、充足させる、調和させる、仲直りさせる、あやす、鎮める、懐柔する

若返らせる　**Rejuvenate**

リフレッシュさせる、生まれ変わらせる、生気を与える、丈夫にする

わからせる　**Acquaint**

習慣づける、アドバイスする、鑑定する、味方になる、啓発する、親しませる、知識を与える

脇へそらす　**Divert** [2]

そむける、気を散らす、横取りする、妨害する、向け直す、引き留める

分ける ［複］　**Separate**

切断する、切り離す、分割する、孤立させる、人種差別する、仲たがいさせる、二つに分ける

わざと判断を誤らせる　**Mislead**

魅了する、はったりをかける、欺く、思い込ませる、だます、つけ込む、一杯食わせる、目をくらます、誤った指導をする、間違った方向へ導く、邪道に導く、トリックを仕掛ける

鷲掴みにする　**Arrest** [3]

魅惑する、攻め立てる、心を奪う、うっとりさせる、夢中にさせる、魔法をかける、関心を引く、注意を奪う、飲み込む、心を捉える、感心させる

	わずらわせる Hassle

さらに悪化させる、煽る、むっとさせる、敵にまわす、せがむ、餌を仕掛ける、悪魔憑きにさせる、包囲攻撃する、悩ませる、いらつかせる、どぎまぎさせる、嫌がらせをする、うるさく催促する、しつこく責める、つきまとう、くどくどと文句を言う、駄々をこねる、疫病にかからせる、動揺させる、もったいぶる、苦しめる、迷惑をかける、じらす、心配させる

話題を切り出す　Broach [2]

接近する、タックルする

輪で囲む　Encircle

包囲攻撃する、周囲を回る、周囲に境界線を引く、監禁する、やさしく寄り添う、迎え入れる、囲い込む、網羅する、くるむ、はめる、包む、包み込む、把握する、ハグする、取り囲む、花輪で囲む

罠にかける　Ensnare

待ち伏せをして襲う、捕獲する、キャッチする、面食らわせる、欺く、おとりを使う、動きを邪魔する、網にからませて捕らえる、絡めとる、紛糾させる、ハイジャックする、釣る、巻き込む、誘導する、没頭させる、おびき寄せる、急いで捕まえる、獲得する、誘惑する、誘い出して捕まえる、自由を奪う、陥れる

わびしい思いにさせる　Desolate

落ち込ませる

笑いものにする　Mock

あざける、侮辱する、やじる、かつぐ、こてんぱんに打ちのめす、パトロンになる、ばかにする、皮肉る、恥ずかしい思いをさせる、軽視する、なじる、もったいぶる

割り当てる　Allocate

位置につかせる

割る   Split [2]

折る、破裂させる、ひびを入れる、砕く、切る、骨折さ
せる、砕いて破片にする、えぐる、切り込む、引き裂く、
粉砕する、細長く切る、ばらばらに裂く、ちぎる

悪いことをする   Wrong

虐待する、ずるいことをする、信用を落とす、名誉を汚
す、害を及ぼす、傷つける、けがをさせる、冷遇する、
痛手を負わせる

悪く言う   Dispraise

攻撃する、見くびる、誹謗する、告発する、こてんぱん
に打ちのめす

悪くする   Impair

虐待する、さらに悪化させる、美を損なわせる、くじく、
曇らせる、汚す、堕落させる、機能を損なわせる、ダメー
ジを与える、劣化させる、外観を傷つける、美観を汚す、
変形させる、士気を下げる、枯渇させる、奪う、発狂さ
せる、障がいを与える、阻止する、不利な立場に立たせ
る、害を及ぼす、妨げる、傷つける、けがをさせる、重
傷を負わせる、台なしにする、袋だたきにする、改良す
る、手間取らせる、破滅させる、樹液を絞り取る、腐ら
せる、手を染めさせる、歪曲する、減退させる

悪口を言う   Malign

虐待する、攻撃する、黒く塗る、誹謗する、中傷する

我を忘れさせる   Mesmerise

魅了する、言いなりにさせる、心を奪う、うっとりさせ
る、強制的にさせる、夢中にさせる、魔法をかける、関
心を引く、恍惚とさせる、熱中させる、有頂天にさせる、
心を捉える、執着させる、心をつかむ、催眠術をかける、
引き付ける、呪縛する、立ちすくませる

感情グループ

感情グループの使い方については24〜25ページを参照。感情グループとサブグループは左の通り。

育てる
NURTURING

- 愛する
- 励ます
- サポートする

利用する
USING

- 操る
- ずるいことをする
- 邪魔をする

傷つける
DAMAGING

- がっかりさせる
- 危害を加える
- 破壊する

「愛する」動作表現

育てる

あ

挨拶のキスをする
愛撫する
崇める
憧れる
足枷をはずす
あしらいを施す
味わう
温める
新しくする
甘ったれにさせる
甘やかす
あやす
洗う
安心させる
安全にする

言い寄る
一丸にする
いっぱいにする
居場所を与える

受け入れる
受け取る
打ち解けさせる
有頂天にさせる
美しくする
嬉しがらせる

大盤振る舞いする
大目に見る
おごる
落ち着かせる
おとなしくさせる
おびき寄せる
おめかしさせる
重んじる
織り込む
恩赦する

か

懐柔する
解除する
改心させる
解凍する
快楽を与える
輝かせる
覚醒させる
加減する
飾る
過剰なほどに大事にする
課する
勝つ
学校教育を受けさせる
かばう
かわいがる
歓喜させる
歓迎する
感謝する
看病する
緩和する

キスする
気に入る
求愛・交際する
救済する
救出する
救助する
ぎゅっと握る
狂喜させる
矯正する
清らかなものにする

偶像化する
鎖をはずす
くるむ

敬愛する
敬意を示す
啓発する

恍惚とさせる
公民権や参政権を与える
心地よい刺激を与える
心に触れる
子育てする
婚約させる

感情グループ

さ

再燃させる
支える
賛辞を述べる
賛美する

幸せにする
シートベルトやボタンをはずす
鎮める
持続させる
慕わせる
しつける
しみ込ませる
収拾する
修繕する
祝賀する
祝して乾杯する
祝福する
呪縛する
浄化する
衝撃をやわらげる
しらふにさせる
神格化する
神聖なものとする
信用する

崇拝する
救う
少しずつかじって食べる

制限を取り払う
正当性を認める
生命力を与える
絶賛する
接待する
洗浄する
選定する
洗礼を施す

蘇生させる
育てる

た

大事にする
宝物にする
たきつける
抱き合う
称える
立ちすくませる
団結させる
断念する
堪能させる

父親になる
乳離れさせる
ちやほやする
中心に置く
調和させる

仕える
包み隠す
包み込む
包む
強く抱擁する

手で受ける

尊ぶ
溶かす
解き放つ
独立させる
留め金で留める
とりなす
取り戻す

な

慰める
なごませる
撫でる
名前をつける
なめらかにする
舐める

荷を下ろす

寝かしつける
熱中させる

育てる

「愛する」動作表現

は

はぐくむ
ハグする
発奮させる
鼻をすり寄せる
母親になる
場を提供する

美化する
避難させる
非の打ちどころをなくす
ひもとく

復元する
復活させる
復興させる
文明化する

別世界にいるような気分にさせる
へつらう
弁明する
変容させる

包帯を巻く
飽和状態にする
保険をかける
保護する
補充する
保全する
ほどく
ぽんと叩く

ま

真っ赤にする
マッサージする
魔法をかける
守る
満喫する
満足させる

身請けする
磨きをかける
みだらな手つきで触る
見張り番をする

夢中にさせる

娶（めと）る

網羅する
もったいぶる

や

やさしく揺する
やさしく寄り添う
安らぎを与える

優雅にする
裕福にする
誘惑する
許す

陽気にさせる
養分を与える

ら

リスペクトする
リハビリをする
リラックスさせる

列福する
レベルを同じにする
恋愛する

わ

和解させる
輪で囲む

感情グループ

育てる

「励ます」動作表現

あ

挨拶する
明るくする
油を注ぐ
甘味をつける
改める

生き返らせる
急がせる
癒す

うきうきさせる
動かす
促す
生まれ変わらせる
埋め合わせをする

影響を与える
エキサイトさせる
エネルギーを与える

追い求める
お祝いの言葉を述べる
大きくする
教える
押しやる
おだてる
思い起こさせる

か

改善する
開拓する
ガイドする
開発する
輝かせる
かき立てる
かきまわす
拡大する
革命的に変化させる
舵取りをする
加速させる
形作る
活性化する
活を入れる
家庭教師をする
可能にさせる
関心を引く
感染させる

気持ちを高める
急に動かす
キューを出す
強化する
強健にする
教授する
強制的にさせる
興味をそそる
協力を求める
許可する

駆動する
組み入れる
勲章を授ける

景気をつける

合流する
コーチする
雇用する
ごり押しする
こわばらせる

感情グループ

さ

再調整する
先へ進ませる
さっぱりさせる

刺激する
指示する
支持する
自信を取り戻させる
親しませる
習慣づける
自由にする
就任させる
修理する
呪文を唱えて召喚する
衝撃を与える
焦点を当てる
承認する
情熱を与える
丈夫にする

推奨する
勧める
スパークさせる
スリルを感じさせる

生気を与える
生命を吹き込む
せっつく
選出する
先導する
洗練させる

増大させる
促進する
組織する
染める

た

代表者として送り出す
高さを上げる
高ぶらせる
たくましくする
叩きこむ
正しい方角に向ける
食べ物を与える

力を与える
注意を奪う
調子を整える
著名にする

突き出す
強く勧める
強く引く

訂正する
手伝う
照らす
手を貸す
転送する

動員する
研ぐ
トレーニングする

な

泣きつく
納得させる
慣れさせる

認知する

伸ばす

育てる

「励ます」動作表現

は
拍車をかける
拍手喝采する
励ます
発進させる
派手に描く
鼻高々にさせる
速める
張り出させる
晴れやかにする

引き金を引く
引き付ける
引く
肘で軽く突いて注意を促す
ひらめきを与える
火をつける

ブーストする
含める
ふくらませる
再び集める
プッシュする
奮い立たせる
プレッシャーをかける
分解検査する
奮起させる

変換する

募集する
保証する
没頭させる

ま
前へ押し出す
招く
丸め込む

見返りを与える
味方になる
水につけて戻す
見せびらかしてじらす
身なりを整える

無罪を言い渡す

免許を与える

燃え上がらせる
燃え立たせる
持ち上げる
モチベーション（動機）を与
える
紋章を描く

や
誘導する

擁護する
容認する
呼び集める

ら
リードする
リフレッシュさせる

レクチャーする
練磨する

わ
若返らせる

感情グループ

育てる

「サポートする」動作表現

あ

預ける
アテンド（同行）する
後押しする
アドバイスする
安定させる

家をあてがう
錨で留める
一緒に行く
癒す

植える
受け取る
打ち明ける
埋め込む
裏づける

選ぶ

思いどおりに動かす
恩赦する

か

ガードする
ガイドする
かき立てる
確認する
隔離する
家具を設置する
固める
活を入れる
簡潔な状況説明をする
歓呼して迎える
監督する
冠を載せる
管理する

騎士の爵位を授ける
キャッチする
強化する
教唆する
規律に従わせる

気高くする
権利を与える

功績を称える
合法と認める
誇示する
根拠を与える

感情グループ

さ
再建する

従う
しっかりと押さえる
支配する
支払う
指名する
修正する
祝して乾杯する
主張する
承認する
賞を与える
叙任する

推奨する
ストレスを加える
スポンサーとして後援する

選択する

備え付ける
尊重する

た
高く揚げる
高く評価する
断言する
鍛錬する

注意を喚起する
忠告する
注視する

ついて行く
詰め込む

適合させる
テコ入れする
手伝う

統治する
整える
とどめる
取り締まる

な
直す
ナビゲートする

担う

根付かせる

ノミネートする

は
把握する
発生させる
バランスをとる
晴れやかにする

批准する

吹聴する
封じ込める
武装させる

便宜を図る
弁護する

報酬を与える
補助する
ホスト役を務める

ま
守り助ける
守る

報いる
結び合わせる

持ち上げる
持ち運ぶ

や
やわらげる

遺言を遺す

擁護する
養子にする
予防接種をする

利用する

「操る」動作表現

あ
圧力をかける
操る

いい気にさせる
言いなりにさせる
意のままに操る

打ち消す
うっとりさせる
うわの空にさせる

餌を仕掛ける

追いつめる
押し売りする
お世辞を言う

か
変える
攪拌する
型にはめる
稼働させる
勧誘する

基準に当てはめて判断する
厳しく吟味する
牛耳る
急に動かす
脅迫する
強要する
切り倒す
切り札を出す
気を引く

食いものにする
砕いて破片にする

幻惑させる

乞う
構造を解体する
心を捉える

さ
催眠術をかける
探る
下げる

しっかり締める
縛り上げる
縛る
弱体化させる
所有する
支離滅裂にさせる

急き立てる
設計する
洗脳する

操作する
そしる
その気にさせる

た
出し抜く
楽しませる
黙らせる
試す
堕落させる
歎願する

乳を搾る

使う
吊り下げる
釣る

恫喝する
動作を停止させる
独占する

な
なだめる
撫でまわす

寝かしつける

乗り越える

感情グループ

は

配給する
破壊工作をおこなう
はめる

控えめにさせる
引き寄せる
びっくりさせる
独り占めする
表面を磨く

震えさせる
プログラムする
分解検査する

包囲攻撃する

ま

魅了する
魅惑する

目をくらます

や

誘惑する

余儀なくさせる

ら

ロビー活動をする

わ

賄賂を贈る
鷲掴みにする
罠にかける
我を忘れさせる

利用する

「ずるいことをする」動作表現

あ
欺く
足を引っかけて転ばせる
当てこすりをする
誤った指導をする

いい気にさせる
いたぶる
一杯食わせる

うまいことを言って惑わせる
裏切る
裏をかく

思い込ませる

か
かたる
かつぐ
金を巻き上げる
カモにする

切り札を出す

煙に巻く

さ
誘い出して捕まえる

思案させる
弱体化させる

ずるいことをする

操作する

た
だます
堕落させる

調子を合わせる
調達する
ちょろまかす

つまみ取る

トリックを仕掛ける

な
投げる

盗む

値打ちを下げる

は
はったりをかける
はめる
判断力を失わせる

引き抜く

ぺてんにかける

ぼんやりさせる

ま
混ぜ物をする
間違った方向へ導く

目をくらます

持ち去る
もてあそぶ

わ
わざと判断を誤らせる
悪口を言う

感情グループ

利用する

「邪魔をする」動作表現

あ

煽る
悪魔憑きにさせる
あざける
網にからませて捕らえる

異議を唱える
いらいらさせる
いらつかせる

動きを邪魔する

疫病にかからせる

覆いを取る
恐れを引き起こす
落ち度を指摘する
貶める
驚かせる
怯えさせる

か

外傷を与える
かき乱す
がたがたと揺らす
監禁する
感染させる

ぎくりとさせる
機嫌をそこねる
気絶させる
気持ちを悪くさせる
急に揺すぶる
恐怖を感じさせる
切り倒す
気を散らす
気を動転させる

クイズを出す
食い止める
苦悩させる
悔しがらせる
ぐらぐらさせる

軽視する
警報を伝える
激高させる
懸念させる
嫌悪感を感じさせる

光沢を損なう
声をかける
凍らせる
混乱させる

感情グループ

さ
さらに悪化させる

思案させる
自信をなくさせる
辞退する
質問する
質問攻めにする
搾り取る
弱体化させる
癪に障ることをする
ショックを与える
じらす
震撼させる
神経を鈍らせる
人種差別する
尋問する

水没させる
ストーカー行為をする

せがむ
扇動する

束縛する
卒倒させる
ぞっとさせる

た
たしなめる
尋ねる
駄々をこねる
立ち退かせる
立ち向かう
脱線させる

注意を喚起する
中断させる
蝶番をはずす
挑発する

つかみ取る
つきまとう
憑く
突く

敵にまわす
撤退する
テロの恐怖に陥れる
手を染めさせる

問い詰める
動揺させる
当惑させる
どぎまぎさせる
独裁する
どなりつける
途方に暮れさせる
留め金をはずす
取り囲む
どんよりさせる

な
長々と説教する
悩ませる

ねじり取る
ねじる

飲み込む

「邪魔をする」動作表現

利用する

は

ばかにする
吐き気を催させる
恥ずかしい思いをさせる
発狂させる
はっとさせる
罵倒する
鼻であしらう
パニックに陥れる
払い落とす

否定する
人を不快にする

不安定にする
不安にさせる
フラストレーションを与える
ふらつかせる
憤慨させる
紛糾させる

放棄する
ぼーっとさせる
ぽかんとさせる

ま

まごつかせる

乱す
みだらな手つきで触る
身をすくませる

無意味にする
無感覚にする
むっとさせる

面食らわせる

もぎ取る
元の木阿弥にする
もみ消す

や

優位に立つ

横やりを入れる
よろめかす

ら

理解できないことをする
立腹させる

狼狽させる

感情グループ

傷つける

「がっかりさせる」動作表現

あ

飽き飽きさせる

勢いよく切る
意気消沈させる
戒める
いやな気分にさせる
いらいらさせる

受け流す
動かないようにする
薄暗くする

延期する

追い払う
お灸をすえる
押し殺す
押しのける
落ち込ませる
音を弱める

か

過小評価する
かすがいで留める
肩で押しのける
がっかりさせる
悲しませる
かわす
関与を否定する

気落ちさせる
危機に追い込む
危険に晒す
起訴する
義務を押しつける
ぎゅっと噛む
拒絶する
ぎょっとさせる
拒否する
気力を弱める
気を滅入らせる

食い止める
くじく
くすませる
口止めする
くどくどと文句を言う
愚弄する

検閲する
現実を直視させる
限度を設ける
幻滅させる

恋人を振る
降格させる
枯渇させる
告発する
酷評する
小言を言う
こてんぱんに打ちのめす
断る
孤立させる

感情グループ

さ

避ける
差し止める
させないようにする
冷ます
妨げる
寒がらせる
去る
猿ぐつわをかませる

士気を下げる
しっかり握る
しつこく責める
叱責する
しぼませる
樹液を絞り取る
除外する
処分する
尻に敷く
神経を逆なでする
進行を遅らせる

衰弱させる
ずるい手段を使って逃れる

制限する
背負わせる

疎遠にする
疎外する
束縛を解く
阻止する
そむける

た

耐える
立ち止まらせる
断つ
弾劾する

中和する
沈黙させる

抵抗する
手錠をかける
手間取らせる

動作を停止させる
度外視する
止める
鳥かご・檻・監獄などに入れる
取り消す
取り締まる

な

値を下げる

傷つける

「がっかりさせる」動作表現

は
はぐらかす
激しく衝突する
罰する
歯止めをかける
反抗する

引き下げる
引き留める
びしょぬれにする
ひねくれさせる
批判する
日和見する

封鎖する
武器を奪う
侮辱する
不便をかける
不利な立場に立たせる
ブロックする

妨害する
放棄する
法廷に呼び出す
放り込む
法律で禁じる

ま
待たせる
マフラーで覆う

見えにくくする
身柄を拘束する
見くびる
見て見ぬふりをする

無視する
村八分にする

門前払いする

や
やっかい払いする
やめさせる
やる気をそぐ

有罪判決を出す

抑圧する
抑止する
横取りする
弱らせる

ら
冷笑する

わ
脇へそらす
わずらわせる
笑いものにする

感情グループ

傷つける

「危害を加える」動作表現

あ

飽きさせる
悪態をつく
欺く
足枷をはめる
圧倒する
圧迫する
穴を開ける

いかがわしい部分を削除する
威嚇する
いじめる
急いで捕まえる
痛めつける
一発お見舞いする
犬釘を打ちつける
違反する
いびる
嫌がらせをする
卑しめる
いやな気分にさせる

上から目線でものを言う
飢えさせる
動けなくする
薄める
打ちのめす
打ち負かす
腕を大きく振って打つ
うるさく催促する

えぐる
縁を切る

押収する
殴打する
お灸をすえる
抑える
押し合いへし合いする
お尻をぺんぺん叩く
汚染する
襲う
貶める
溺れさせる
重荷を負わせる

か

害を及ぼす
獲得する
過剰な負担をかける
過小評価する
固まらせる
活力を奪う
がみがみ言う
噛み切る
感覚を失わせる
感覚を奪う
感情を害する
貫通させる

危険に晒す
危険を及ぼす
傷跡を残す
傷つける
寄生する
木の枝で叩く
逆上させる
虐待する
急につかむ
ぎゅっと押しつぶす
強制的に取り上げる
強打する
去勢する
切り込みを入れる
切り込む
切りつける
切り開く
切る
切れ目を入れる

腐らせる
鎖でつなぐ
ぐさりと刺す
くじく
くしゃくしゃにする
口火を切る
屈辱を与える
屈服させる
黒く塗る

感情グループ

刑務所に入れる
けがをさせる
激怒させる
激突する
削る
蹴飛ばす
けなす
蹴る
下劣にする
減少させる

攻撃する
拘束する
強奪する
強盗する
こき使う
酷使する
告訴する
告発する
酷評する
小言を言う
骨折させる
ごつんと打つ
こつんと叩く
拳で殴る
こらしめる
怖がらせる
棍棒で殴る

さ
苛む
裁判所に訴えを出す
誘い出して捕まえる
さらう
残忍な仕打ちをする

叱る
次第に薄れさせる
縛り上げる
しみをつける
邪道に導く
ジャブを打つ
重傷を負わせる
樹液を絞り取る
障がいを与える
正気を失わせる
信用を落とす
侵略する

衰弱させる
ずたずたにする
捨てる
ストーカー行為をする

背負わせる
攻め立てる
責める
戦闘する

外に出す
粗末に扱う

傷つける

「危害を加える」動作表現

た

台なしにする
体面を傷つける
戦う
叩き壊す
叩きつける
叩く
駄々をこねる
タックルする
脱穀する
打撲傷を負わせる
ダメージを与える
たらしこむ

力を奪う
痴漢行為をする
ちくりと刺す
中傷する
沈没させる

突き刺す
突っ込む
つまみ取る
罪を負わせる

手足を切断する
手荒く扱う
停学処分にする
手錠をかける
手や足をねじり上げる
転覆させる

恫喝する
毒を塗る
毒を盛る
取り押さえる
奴隷にする
ドンとぶつける
ドンドンと叩く

な

殴りつける
殴り飛ばす
投げ飛ばす
なじる
何度も殴る

塗りたくる
塗りつける

ネグレクトする

能力を奪う
のどを絞める
呪う

は

ハイジャックする
暴露する
激しく衝突する
ばしっと叩く
恥をかかせる
裸にする
ぱちんこ（投石器）で飛ばす
罰する
破滅させる
ばらばらに裂く
張り合う
破裂させる
パンクさせる
反則を犯す
パンチを食らわせる

非合法化する
肘で押す
ぴしゃりと打つ
引っかき傷をつける
引っかく
ひっくり返す
ひったくる
ひっぱたいて何かをさせる
批判する
ひびを入れる
誹謗する
疲労させる

296

感情グループ

美を損なわせる
貧乏にする

不意に襲撃する
深い切り傷をつける
不活性化する
不潔にする
不順にする
踏みつける
ブロックする

へこみや線などの跡をつける
ぺちんと叩く
蔑視する
へとへとにする
ベルトで打つ

包含する
棒でつつく
冒涜する
細長く切る

ま

間違っていることを示す
麻痺させる

見くびる
みじめにさせる
水を抜く
見そこなう
密告する

めちゃくちゃに壊す
めった打ちにする
面目を失わせる

物まねする
もみ消す

や

やじる
安売りする
安っぽくする

誘拐する
幽閉する

用心させる
抑圧する
弱らせる

ら

烙印を押す
乱暴に扱う

略奪する

冷遇する
連打する

論破する

わ

割る
悪くする
悪口を言う

297

「破壊する」動作表現

傷つける

あ
明け渡す
荒らしまわる

生け贄にする
石を投げつける
痛めつける
一掃する

打ち砕く
埋める

疫病にかからせる

王座から降ろす
押し殺す
襲いかかる
折る
終わらせる

か
解雇する
壊滅させる
かきむしる
狩る
皮をはぐ
皮をむく

犠牲にする

ぐさりと刺す
串刺しにする
砕く
苦しめる

撃破する
撃滅させる
消し去る
けちょんけちょんにする

拷問する
ごしごし洗う
こなごなにする
殺す

さ
刺し貫く
殺害する
惨殺する

沈める
失脚させる
支配する
焼却する

すりつぶす

制圧する
征服する

た
鷹のように獲物を襲う
打撃を与える
叩き切る
叩き壊す

鎮圧する
沈黙させる

詰める

撤廃する
転落させる

屠殺する
突入する
とどめを刺す

な
ナイフで刺す

人間性を奪う

根こそぎにする

除く

感情グループ

は
破壊工作をおこなう
破壊する
迫害する
爆破する
パチンと鳴らす
花をもぎ取る
破滅させる
ばらばらに切断する
はりつけにする

ひどい目にあわせる
ひれ伏させる
火を消す

二つに分ける
ぶち壊す
ブルドーザーで押しつぶす
粉砕する
分断する
ぶんどる
ぶん殴る

変形させる

棒で殴って従わせる
報復する

ま
皆殺しにする
ミンチにする

むさぼり食う
無にする

燃やす

や
破る

ら
リンチする

流刑にする

レイプする
連打する

わ
わびしい思いにさせる

著者謝辞

スーザン・エンジェル、ケリー・ブライト、
エマ・バーネル、リサ・カーター、
ベス・コーディングリー、オリバー・コットン、
ケビン・フランシス、ジョン・ガーサイド、
ピーター・ギネス、クリフォード・ミルナー、
ニール・ピアソン、エイドリアン・リード、
マーク・スカラン、ワンジク＆ミュレー・シェルマー
ダイン、マックス・スタッフォード゠クラーク、
ジェームズ・ウィルソン、
ジュリアン・ウォルフォードと
そのすべての友人と家族の皆さんに、
長きにわたるご協力に感謝します。

原書出版社謝辞

テリー・ジョンソン作
『デッド・ファニー』からの抜粋引用許諾を
賜りましたMethuen Publishing Limitedに
感謝します。

著者略歴

マリーナ・カルダロン
Marina Caldarone

演劇とラジオドラマにフリーランスの演出家として関わる一方、イギリスの主要な演劇学校の数々での俳優指導に20年間以上携わっている。また、声優を目指す俳優のボイスリール録音をおこなう制作会社Crying Out Loudに演技ディレクターとして従事。現代劇のみならず、古典的なエリザベス朝演劇についてのレクチャーも定期的に開催している。

マギー・ロイド゠ウィリアムズ
Maggie Lloyd-Williams

英国ロイヤル・ナショナル・シアターおよびソーホー・シアター、トライシクル劇場、シェイクスピア・グローブ座で多数の舞台公演に出演。また映像への出演作品としてTVドラマシリーズ『Secret Diary of a Call Girl』『マーフィーの愛の法則』『The Vice』『Red Cap』『法医学捜査班 silent witness』『Casualty』などがある。

訳者略歴

シカ・マッケンジー
関西学院大学社会学部卒。ロサンゼルスで俳優活動後、日米両国を拠点に翻訳、通訳、演技指導や脚本コンサルティングをおこなう。

俳優・創作者のための
動作表現類語辞典

2019年7月25日　　初版発行
2024年12月10日　　第六刷

著者 ——————　マリーナ・カルダロン、マギー・ロイド゠ウィリアムズ
訳者 ——————　シカ・マッケンジー

ブックデザイン ——　イシジマデザイン制作室
日本語版編集 ——　臼田桃子（フィルムアート社）

発行者 —————　上原哲郎
発行所 —————　株式会社フィルムアート社
　　　　　　　　　〒150-0022
　　　　　　　　　東京都渋谷区恵比寿南1丁目20番6号
　　　　　　　　　プレファス恵比寿南
　　　　　　　　　TEL 03-5725-2001
　　　　　　　　　FAX 03-5725-2626
　　　　　　　　　https://www.filmart.co.jp

印刷・製本 ————　シナノ印刷株式会社

Printed in Japan
ISBN978-4-8459-1826-3　C0074

落丁・乱丁の本がございましたら、お手数ですが小社宛にお送りください。
送料は小社負担でお取り替えいたします。